"군대", 여성이 가지 않은 길

"군대", 여성이 가지 않은 길

김영옥엮음

도서출판 또 하나의 문화

머리말

지난 10여 년 간 한국 사회에서 가장 뜨겁게, 가장 지속적으로 전개된 담론이 있다면 그것은 근대(성)에 대한 담론일 것이다. 성급하게 수입되어 다분히 탈맥락적으로 유포된 탈근대/현대 이론은 한국 사회에서 미완의 과제로 남아 있던 근대(성) 논의의 본격적인 진행을 지연시킨 바가 없지 않았다. 그러나 베를린 장벽의 붕괴로 대변되는 동구권의 "몰락", 그에 따른 민족주의/민족 국가의 새로운 부상, 그와는 반대로, 혹은 그와 병행하여 과속화되기 시작한 전지구화 현상과 국가간 경계의 이완 등은 전세계적으로 근대(성)에 대한 논의를 이전과는 다른 국면에서 활발하게 촉발시켰고 이것은 한국 사회의 담론 현장에도 중요한 파장을 불러일으켰다.

오리엔탈리즘 논의, 포스트식민주의 논의 등 정체성을 둘러싼 더 심층적인 이해에 바탕을 둔 이 근대(성) 논의는 한국 사회에서 다시 동아시아 담론과 중첩되면서 민족, 국가, 근대화 등의 개념에 대한 치열한 해석학적 정치학을 요구하기에 이르렀다. 그런데 대부분 남성 지식인들에 의해 수행된 이러한 논의들은 그 지속적인 열기에도 불구하고 일정 수준 제한된 패러다임에 머물 수밖에 없었는데, 그것은 근대화 과정에 각인된 타자성의 문제를 이해하기에는 남성 주체들의 위치가 상당히 일의적으로 고정되어 있기 때문이었다.

이러한 상황 인식을 바탕으로 구상된 것이 「또문대학」이다. 이미 수년 전부터 규칙적인 모임을 갖고 "근대와 페미니즘", "근대화 과정 속의 여성" 등에 대한 토론을 계속해 오던 「또 하나의 문화」 동인들은 이러한 논의를 더 열린 토론의 광장으로 확대시켜야 한다는 데 의견의 일치를 보았다. 여성주의 시각으로 기존의 담론을 거슬러 읽고 재구성함으로써 근대(성) 논의에 새로운 지평을 열고, 더 나아가 새로운 역사 쓰기의 가능성을 모색하는 장이 절실히 요구되었던 것이다.

「페미니즘과 모더니티 서사」를 주제로 1999년 9월 30일부터 12월 9일까지 매주 목요일 정기적으로 열린 제1기 「또문대학」은 근대(성)의 문제를 이론 및 재현의 영역에서 점검해 나가면서 근대화 과정에서 지워져 버린, 타자화된 여성 경험의 흔적들을 들추어내고 그로써 근대와 여성의 관계를 재구성하는 데 관심을 집중하였다.

서구를 기준과 모델로 삼은 채 근대화를 수행해야 했던 한국 같은 곳에서 근대화 과정을 논의할 때 제일 시급하게 요구되는 것이 바로 여러 겹으로 착종된 타자의 정치학에 대한 면밀한 분석이다. 근대화 과정에서 서구에 의해 타자의 위치로 호명된 한국의 가부장제 사회는 자국 내에 있는 여성들을 타자화시킴으로써 자신들의 자아 위치를 되찾고자 하지 않았던가? 타자의 자리에서 국가 통제의 대상으로, 산업화의 기록되지 않는 노동력으로, 또한 산업 자본주의 사회의 분열된 욕망의 대상으로 도구적 역할을 수행해야 했던 여성의 관점에서 근대의 역사를 재구성하려 한 「또문대학」 제1기의 작업은 그러므로 기존의 근대화 논의에 새로운 방향성을 제시하는 유효한 방법이 되리라 기대한다.

김성례는 1999년에 일어난 충무공 묘소 훼손 사건과 1995년에 행해진 구총독부 건물 폭파 해체라는 두 가지 사건 속에서 식민지적 기억의 에로틱한 주술적 성격을 발견한다.

  그에 따르면 이러한 사건들이 공유하고 있는 일제 단맥설 등의 믿음은 일제 식민주의를 기억하는 하나의 문화적 각본이다. 식민주의에 대한 역사적 피해 의식이 풍수 지리설에 근거한 일제 단맥설을 역사적 사실로 받아들이도록 만듦으로써 역사를 주술화하고 주술을 역사화한다는 것이다. 그런데 이 역사의 주술화 혹은 주술의 역사화는 산정에 쇠말뚝을 박는 풍수적 관행을 식민 지배 권력의 폭력적인 성행위에 비유하고 침략당한 식민지 국토 및 민족 집단의 실체를 여성의 몸으로 비유함으로써 에로틱한 상징에 기대고 있다. "근대성 없는 근대화"를 추진한 한국의 식민적 근대성은 모든 권력의 근원으로 작동해 온 민족을 남근적 상징으로 기념비화했던 것이다.

  김성례는 「식민주의 기억의 에로틱 정치학」에서 이렇듯 한국인들의 역사적 피해 의식이 풍수 사상과 국수주의적 민족주의와 교묘하게 결합되어 있음을 밝히면서, 그 과정 속에서 한국의 식민지적 근대성이 어떻게 에로틱하게 상징화된 제국주의의 식민주의 담론들을 모방하면서 식민주의 기억을 정치화하는가를 보여 준다.

김현미의 「근대의 기획, 젠더화된 노동 개념」은 1960년대 이후의 한국 근대화 기획을 중심으로 근대의 개념, 여성 노동의 문제, 그리고 성별 (젠더) 이미지 등을 상호 중층적인 연결망 속에서 분석함으로써 한국 사회에서의 여성 노동의 현실을 문화적 현상으로, 즉 한국 사회의 남성 중심주의를 이해할 수 있는 통로로 읽어 내는 데 성공하고 있다.

산업 자본주의는 남녀의 신체적 차이에 대한 고정 관념을 바탕으로 공적 영역에서의 남성 경제 노동, 사적 영역에서의 여성 가사 노동이라는 불평등한 이분법적 노동 개념을 발전시키는데, 근대화 프로젝트가 "국가 재건"을 목표로 국가에 의해 강압적으로 주도된 한국 사회의 경우 이것은 더욱 복잡한, 착종된 모습을 띠고 나타난다. 민족주의에 호소하는 전통적 (유교적 부형 지배) 가치의 강화와 냉전 체제에 기반한 군사주의 정치를 바탕으로 "노동"의 의미를 민족주의적 집합주의와 새롭게 결합시킨 박정희 정권의 문화 전략은 특히 "성별"이라는 은유를 통해 여성 근로자들에 대한 은밀하고도 극심한 노동 착취로 이어진다.

김현미의 논의는 "노동"을 둘러싼 이러한 복합적인 전략 기제들을 면밀히 분석함으로써 현재까지 이어지고 있는 노동 여성의 다양한 문제점들을 종합적으로 비판, 분석할 수 있는 시각을 열어 주고 있다.

양현아는 「식민주의와 가부장제라는 미로」에서 식민지 시기 가족법을 한국의 식민주의와 여성의 역사가 서로 맞닿아 있는 텍스트로서 "전통"의 문제와 관련지어 세밀히 분석해 낸다. 한국 가족법 개정 운동사를 살펴보면 "전통"과 "미풍 양속"은 언제나 가족법 개정을 무력화시키는 명분으로 내세워졌다. 그리고 이러한 전통주의는 "전통" 자체가 역사적으로 형성된 것임을 전혀 고려하지 않고 있다.

식민지 조선에서 세워진 가족법의 원칙은 조선의 "관습"이었는데, "해당 분야에 적절한 관습이 없다"는 이유로 메이지 시기에 정립된 일본의 민법전의 개별 조항들이 비체계적으로 조선에 이식되었다. 또한 일본의 메이지 시기에 고안된, 신유교주의에 기반하고 있는 "근대" 가족 제도인 이에(家) 제도는 식민지 조선의 가족을 선도하는 틀이 되었다. 일본의 법규들이 조선에 제도적으로 정착되는 과정에서 이것은 당시의 조선 "관습"에 영향을 주게 되었고 이러한 상호 작용의 결과는 다시 "조선의 관습"으로 불리게 되었다.

양현아는 식민지 시기에 일본의 법 제도와 가족 제도를 경유해 일어난 부계 계승주의의 재구성이 "관습"이라는 문화 본질주의의 이름으로 일어났으며, 그것이 오늘에 이르기까지 가족법의 "전통" 문제와 깊은 관련을 맺고 있음을 밝힌다. 그는 한국의 가족 전통이 하나의 이데올로기로 구축·전승되는 과정에 어둡게 남아 있는 식민지성에 대해 계보학적으로 접근함으로써 지식의 역동적인 구성과 시공간의 중첩 속에 존재하는 오래된 현재를 선명하게 그려내 보이고 이로써 현재를 새롭게 구성할 수 있는 영감을 제공하고 있다.

「1990년대의 시적 현실, 어디에 있었는가」를 질문하는 김혜순에게 일단 시적 현실은 시 안에 놓인 사물들과 시적 언술의 관계 속에서 드러나는 것이다. 시적 현실을 이렇게 대상 세계와 시적 주체 간의 변증법적 공간으로 정의 내릴 때 리얼리즘 계열과 모더니즘 계열의 구분으로 설명되고 있는 1980년대의 시들은 현대성 내지는 현대적 삶이라는 대상 세계에 대한 인식론적 언어화 작업에 있어 모두 만족할 만한 성과를 이루지 못한 것으로 진단된다. 그렇다면 1980년대로부터 미완의 과제를 불려받은 1990년대의 시적 현실은 어떠한가?

김혜순은 키치와 여성 시인들의 시세계, 시니피앙들의 축제, 새로운 리얼리즘 등을 중심으로 1990년대의 시적 현실을 조망하면서 이제 모든 현실을 재구성하며 거대한, 혹은 세세한 신화로 군림하게 된 영화 생산의 지배 구조 내에서 실재와 재현의 그 혼돈까지도 함께 몸으로 살아내며 끝없이 열려 있는, 흐르는 자아로 의식의 밑그림을 복원하는 시적 작업의 궁극적 존재를 강조한다. 여기서 무엇보다도 중요한 것은 여성 시인들이 구축해낸 독창적인 시의 언어인데, 여성 시인들은 여성주의적 존재론의 시각틀을 바탕으로 모든 억압된 것들, 그 타자(성)들을 미학적, 지적, 여성적 승화 작업으로 끌어안음으로써 담론적 구조 자체를 변화시킬 수 있었다. 그리고 이것은 단일한 주체성을 전제로 하는 유교적이고 근대적인 아버지들의 세계를 극복하는 가장 힘있는 시적 현실의 하나가 되었던 것이다.

우미성의 「근대, 동양 여성의 가지 않은 길 : 서양 무대에 재현된 동양 여성들에 얽힌 이야기」는 1853년 미국의 상선이 일본의 쿠리하마 만에 정착한 이래 극동 아시아 지역에 대한 서구인들의 "관심"이 어떤 방식, 어떤 내용으로 무대 공연에서 반복적으로 재현되며 성애화된 "오리엔탈리즘"을 구축해 나가고 있는가를 촘촘히 추적하고 있다.

이러한 재현들의 기본 서사를 제공하고 있는 것이 바로 서양 남성과 동양 여성 간의 비극적 사랑을 다루고 있는 「나비 부인」 모티프이다. 서양 남성과의 이루어질 수 없는 사랑에 빠지는 동양 여성은 몸과 마음 모두가 순수, 혹은 미완의 상태인 유아적 존재로서 서구인들의 성적 욕망과 몽환적 판타지를 충족시켜줄 전근대적 원시의 땅, 문화 등을 상징하면서 동양 일반을 서구가 언제든 소유할 수 있는 영토로 각인시키는 데 전적으로 기여하게 된다.

우미성은 로티 — 롱 — 벨라스코 — 푸치니로 이어지는, 그리고 1960년대부터 텔레비전과 광고, 사진, MTV 등에서 지속적으로 반복되는 「나비 부인」의 계보학을 읽어 내면서 새로운 서사의 개발 및 비판적 독법을 통해 "동일한 모습으로 근 100여 년을 서구 무대 위에서 떠도는, 영원히 역사의 악순환에 갇혀 있는 동양 여성의 이미지"를 해방시켜야 할 우리 여성들의 과제를 각성시킨다.

최윤의 「근대와 한국 여성 소설」은 한국에서의 근대화 과정에 상당히 큰 역할을 했던 근대 문학의 서구적, 남성적 특성 — 예컨대 서사 구조, 권력적 언어, 논리적, 이성적 글쓰기의 문법들, 권력으로서의 언어 등 — 을 지적하면서 더 나아가 근대가 변화시킨 두 개의 축, 공간관과 시간관을 중심으로 근대 문학 안에서, 혹은 밖에서 진행되었던 여성 문학의 대응은 어떠했는지를 꼼꼼히 짚어 보고 있다. 근대적 인식의 형상적인 구조가 공간이라면 이 구조는 거의 성의 생물학적 시각에 가까운 이분법에 근거하고 있다.

여성들의 글쓰기는 남성적/여성적 공간으로 경계지워진 이 공간을 재분배하거나 부재, 광기, 혹은 자기 충만의 독특한 방식으로 무화시킨다. 시간성의 개념, 즉 역사에 대한 관심은 근대적 인식의 핵심을 이루고 그에 따라 사건 전개의 논리적인 인과율과 시간성은 서구 소설을 특징짓는 서사 구조의 두 축이 된다. 해방 이후에 씌어진 여성 소설은 여성의 주변성, 반영웅성, 진보에 대한 회의를 다면적으로 형상화하면서 극한적 경험에서 정지된 시간, 되돌아오는 시간 등 비공식적인 시간 인식을 보여 준다. 최윤은 또한 일관성 있는 정체성의 시간적 재구성이 어떻게 민족주의 담론에서 유효해지는가를 살펴봄으로써 여성 작가들의 글이 민족적 정체성에 완전히 동화되지 않는 맥락을 암시하기도 한다.

김영옥은 「소수 집단 문학으로서의 여성 문학과 그 정치학 : "세계 문학"과 "민족 문학"의 패러다임을 넘어서」에서 "세계 문학"과 "민족 문학"의 지리 정치학적, 이데올로기적 특성을 질문함으로써 한국의 근대화 과정을 넓은 의미에서의 번역의 정치학이라는 측면에서 다시 살피고 있다.

민족, 민족 국가라는 개념이 상상된 것이듯 세계 문학 역시 상상된,

구성된 것이다. 중요한 것은 누구에 의한, 누구를 위한 세계 문학인가 하는 질문일 것이다. 일반적으로 한국 사회에서 번역 문화를 논의할 때 언급되는 문제점들은 완전히 투명하게 "전이"(trans)되지 않는 언어의 질료적 측면, 번역된 서사와 함께 유통되는 드러난/숨겨진 이데올로기, 문화의 상호 교류라는 기본 명제와는 무관하게 일방향으로 일어나는 번역 행위 등이 있다.

그러나 특정 언어로 특정 지역에서 씌어진 지역 서사가 근대화 과정에서 세계 문학이라는 이름으로 국가간의 경계를 넘어 유통될 때 생기는 문제점들은 한층 심층적이고 복합적이다. 근대화 과정에서 이곳에 모범적 위상으로 정착한 세계 문학은 이제까지 그 구성성과 역사성을 질문받지 않은 채 문학 본질의 이름으로 서구의 다양한 규범들과 원칙들을 전파해 왔다. 한국 특유의 정치적 맥락을 고려한 민족 문학 논의조차도 문학의 본질을 매개로 한 세계 문학과의 동등한 소통 내지 이해 관계를 그 신념으로 내세웠던 것이다. 따라서 김영옥은 여성주의 시각에서 근대성을 둘러싸고 상호 보완적으로 전개된 세계 문학과 민족 문학의 의미망을 해체함으로써 여성주의 문학의 윤곽을 분명히 하고자 한다. 주변부의 자리에 위치지어진 여성들의 텍스트 구성은 근본적으로 입장과 차이의 인식에서 출발할 수밖에 없으며 바로 그렇기 때문에 문학 일반의 허구성을 올바르게 응시할 수 있는 시각을 획득할 수 있는 것이다. 이것이 소수 집단 문학으로서의 여성 문학의 해방적 힘이다.

아쉽게도 이 책에 함께 강의록이 실리지는 않았지만 열정적인 강의와 창의적인 문제 제기로, 그리고 지속적인 참여와 토론으로 「또문대학」의 폭과 너비를 확장해 주었던, 김은실(「근대적 인간과 한국 여성」), 조은(「근대성과 신여성」), 김소영(「모더니티와 뱀피리즘 I」), 오진경(「여성주의 시각으로 현대 미술 읽기」) 선생에게 깊은 감사의 뜻을 전한다.

또문대학 교장 **김영옥**

"근대", 여성이 가지 않은 길

식민주의 기억의 에로틱 정치학

김성례

들어가며 : 무속인 묘지 훼손 사건의 의문점들

1999년 봄 무속인 양순자 씨에 의한 충무공 묘소 훼손 사건은 사건이 보도된 4월 21일부터 4월 23일 양순자 씨가 검거되고 5월 16일 구치소에 송치되기까지 근 한 달여 신문과 방송에서 거의 매일 마치 추리 소설을 읽는 것 같은 비상한 흥미를 불러일으켰다. 덕수 이씨 문중묘에 폐유가 묻은 식칼 56개와 쇠말뚝 66개가 꽂혀 있는 것이 발견되면서 수사가 시작되었다. 그녀의 묘소 훼손 범행이 하나 둘 계속 늘어나, 김수로 왕릉을 비롯한 태조, 세종, 효종, 숙종, 정조, 대원군 등 조선조 왕릉이나 퇴계, 율곡, 안동 김씨, 전주 이씨와 같은 명문 대가의 묘소를 대상으로 한 것이 밝혀지면서 문화재 관리국이나 일반 대중의 관심도 깊어졌다. 무속인 양순자의 묘소 훼손 사건을 계기로 조사에 착수한 문화재 관리국은 4월 26일 서울 서초구 내곡동 헌릉(태종 묘소)에서 동판을 발견했고 이 사건은 신도의 지병을 치료하기 위해 돈 30만 원

받고 동판 5개 중 2개를 헌릉에 파묻은 또다른 무속인의 소행으로 밝혀졌다. 더욱이 1999년 3월과 4월 초에 있었던 이회창 한나라당 총재의 선친 묘에서 쇠말뚝이 발견된 사건을 비롯하여 그 동안 미궁에 쌓여 있던 묘지 훼손 사건들이 "개인적 치병과 발복"을 위한 사이비 무속 신앙 행위로 판명되었다.[1]

"왜 하필 왕릉이나 명문 대가 선조의 묘소를 대상으로 했는가?" "왜 식칼과 쇠말뚝과 같은 흉악한 도구를 사용하였으며 또한 폐유의 용도는 무엇인가?" 그리고 "식칼과 쇠말뚝을 묘지 꼭대기에 박는 행위의 에로틱 함의는 무엇인가?" 언론에 자세하게 보도된 무속인 양순자 씨의 진술에 의하면, 지난해 초 충무공이 꿈에 자꾸 나타나면서 심한 두통을 앓게 된 그녀는 충무공과 그 자손의 기를 끊으면 병이 나을 것이며 또한 이혼으로 떨어져 살고 있는 자녀와의 재결합과 가정 화목을 위해 그러한 범행을 저질렀다고 진술했다. 그녀가 진술한 내용에 의하면 범행 행위는 일제 시대 일본인이 한민족의 정기를 끊기 위해 전국의 산꼭대기마다 쇠말뚝을 박았다는 일제 단맥 행위를 모방한 것이었으며, 성인의 무덤에 쇠말뚝을 박으면 성인의 정기가 성인의 집안에서 자신의 집안으로 전이된다고 믿는 민간 풍수 사상에 근거한 것이었다.

이 글은 일제로부터 해방된 지 반세기가 지났고 최첨단의 과학 기술 문명을 누리며 전지구적인 자본주의 문화를 향유하고 있는 현대 한국 사회의 역사적 맥락에서 보았을 때, 무당의 묘지 훼손 사건을 비롯한 사이비 무속 신앙은 얼마나 낯선 것이며 어디에 위치지워야 할 것인가 라는 문제 의식에서 출발하였다. 묘지 훼손 사건의 역사적 기원이 되는 일제 단맥설은 1995년 김영삼 정부 당시의 구총독부 건물의 폭파 해체 사건에서도 재현된 바 있다. 구총독부 건물은 일제 식민주의 기억을 되살리는 상징물이었다. 구총독부 건물 폭파 사건은 일제 식민주의 역사에 대한 피해 의식의 표현이며 동시에 과거와의 단절을 통해 한국의 근대성을 완성시키려는 국수주의적 민족주의의 발로였다 할 수 있다. 묘지 훼손 사건을 두고 언론이 지적한 바 "한국은 아직도 귀신이 횡행하는 사회"라는 말에서 귀신은 식민주의 기억과 피해 의식을 가리킨다. 그리고 그 귀신은 한국의 근대성에 내재하는 야만성의 기호로 현대 한국인의 일상과 정치의 중심부에서 유령처럼 떠돌아다니며 기회 있을 때마다 한국인의 몸과 민족 정체성 위에 빙의하여 해코지를 하고 있는 셈이다.

이 글은 무속인 묘지 훼손 사건을 원소재로 하여 "일제 단맥설"로 알려져 있는 한국인의 역사적 피해 의식이 "명당과 발복"에 대한 풍수 사상과 국수주의적 민족주의와 교묘하게 결합되어 있는 현상을 "식민주의 기억의 에로틱 정치학"이라는 논제로 풀어 보려고 한다. 묘지 훼손 사건의 명분이 치병과 가정 화목이었다면 구총독부 건물 폭파 사건의 명분은 민족 정기의 정립이었다. 두 사건 사이의 공통점은 야만적인 파괴 행위를 통해서 더욱 완전하고 새로운 것을 창조하고자 하는 상징적 행동이라는 것이다. 일제 단맥설을 역사적 사실로 믿기에 이른 일반 대중의 믿음 체계에서, 일제의 식민적 지배 권력의 파괴적 폭력적 이미지가 어떻게 민중의 종교적 상상력에서 병을 치유하고 가정을 화목하게 만드는 신비한 힘으로 재생하는 것인가? 여기서 글쓴이는 일제 식민주의의 기억이 조선 총독부의 식민주의 권력에 대한 피해 의식으로 각인되고, 그 피해 의식은 민족 집단의 실체를 "여성적인 몸"으로, 산정에 쇠말뚝을 박는 풍수적 관행을 강력한 식민 지배 권력의 폭력적인 성행위로 비유하여 일제의 단맥설을 "역사적 사실"로 믿게 만든 것이라고 가정한다. 먼저 식칼과 쇠말뚝에 의한 묘지 훼손과 일제 단맥 행위가 공통적으로 가지는 에로틱 함의가 풍수 사상과 어떤 관련성이 있는지 살펴보겠다.

풍수 사상에 비추어본 묘지 훼손의 에로틱 상징주의

무속인 양씨는 "자신의 치병과 가족의 화목"을 위해 왕릉과 성인의 무덤에 칼과 쇠말뚝을 꽂았다고 동기를 진술했다. 각종 뉴스와 신문에서는 이 사건을 "이기적 발복을 위한 잘못된 풍수 사상으로 빚어진 범죄"로 규정하고 있다. 그런데 여기서 양씨가 묘지에 식칼과 쇠말뚝을 박는 행위가 어떤 근거로 자신에게 복을 가져다 줄 수 있다고 믿게 되었는가의 문제는 전통적인 풍수 사상의 논리로 풀릴 수 있다.

우선 왕릉과 성인들의 묘지는 명당으로 널리 알려져 있는 곳이다. 민간 풍수 사상에서 명당은 좋은 땅이며 좋은 기를 가진 곳이다. 땅은 단순한 물질이 아니라 살아 있는 기(生氣)를 가진 존재로 인식된다. 풍수 사상의 논리 구조는 지기가 어떻게 인간사에 영향을 미치게 되는가에 대한 기감응적(氣感應的) 인식 체계로 구성되어 있다. 풍수 술법은 기가 많이 모인 곳에 집을 지어 살면 지기(地氣)를 받아 발복(發福)케

이순신 장군 묘역에서 발견된
식칼과 쇠말뚝. 「중도일보」 1999.4.21

된다는 논리인데 명당(明堂)은 바로 이러한 땅의 에너지가 많이 모인 길지(吉地)인 것이다. 명당의 개념은 살아 있는 사람의 집뿐 아니라 마을이나 도읍, 궁궐의 경우에도 적용되며(陽宅風水), 특히 조선 시대 이래 강화된 유교적 효 이념에 따른 죽은 조상에 대한 숭배 의식과 결합한 음택 풍수(陰宅風水)는 현대에 이르기까지 풍수의 대명사로 알려질 만큼 지배적인 풍수로 자리잡게 되었다(최창조, 1990 ; 최길성, 1989 : 233). 음택 풍수는 죽은 사람 특히 부모 조상의 유골이 받은 지기가 혈연(동기)이라는 이유로 자식과 후손에게 옮겨진다는 친자 감응(親子感應)과 동기 감응(同氣感應)의 논리를 따른 것인데, 위의 사건에서 무속인 양씨가 묘지 훼손 행위에 적용한 논리가 바로 이 논리이다.

그러나 양씨의 경우 그녀가 왕이나 충무공의 혈족이 아니기 때문에 동기 감응론과 친자 감응론에 따르면 원칙적으로 발복이 불가능하다. 그러므로 그녀는 왕이나 다른 위인의 유골만으로는 생기를 전달받을 수 없다. 그녀에게 중요한 것은 왕이나 충무공 묘혈이 명당이라는 사실이기 때문에 유골 대신에 명당의 지기를 전달받을 수 있는 대체물이 필요했다. 그래서 그녀는 식칼과 쇠말뚝을 생기를 전달하는 매개체로 사용한 것이다. 더욱이 부식을 막기 위해 칼과 쇠말뚝에 칠한 폐유는 상징적으로 생기의 전달을 용이하게 하는 윤활유 역할을 한 것으로 볼 수 있다.

그러나 칼과 쇠말뚝을 묘소에 박는 행위의 상징적 의미는 풍수 논리에 의거하면, 발복의 기원보다 병의 원인이 되는 충무공의 기를 꺾기 위한 음해에 있다고 보는 것이 더 타당하다. 칼과 쇠말뚝을 묘지 깊숙이 박음으로써, 그녀는 땅의 생기를 차단하고 이를 통하여 충무공의 신령한 힘을 무력화시킬 수 있다고 본 것이다. 이러한 묘지 훼손은 풍수 설화에서 가장 빈번하게 나타나는 사례이다. 실제로 묘의 주인공과 후손들의 발복을 막기 위해 명당에 서려 있는 생기를 해치는 것은 "묘터에 뜸을 뜬다"고 하여 예로부터 있어온 일이라 한다. 이것은 묘를 파헤쳐 유골을 난도질한 후 불을 질러 화기(火氣)를 들이붓는 것을 말한다. 그러므로, 식칼과 쇠말뚝은 여기서 충무공의 유골과 그 혼령이 지닌 기를 제압하기 위한 도구로 사용되고, 폐유는 화기를 불어넣는 기능을 하고 있다고 볼 수 있다.

이러한 해석은 식칼과 쇠말뚝, 폐유의 용도와 상징적 의미에 있어서 앞의 해석과 모순된다. 그러나 이러한 해석의 모순은 풍수의 음양 조화론이 가지는 성적 함축과 관련시켜 재해석을 해보면 해소된다. 풍수에 의하면 땅은 여성이며 땅의 생기는 사랑과 생식의 직접적인 표현이기 때문에, 특수한 자리에 집을 짓거나 매장을 하면 인간에게 부와 성공, 많은 자손이 보장된다고 믿는 것이다. 명당은 음양이 부합되는 곳으로 기가 모이고 정이 쌓이는 곳이라 한다. 이러한 명당 길지에 대한 관념이 사자에 대한 존경과 숭배, 즉 조상 숭배 의식과 결합하여 발달한 것이 "명당 발복" 풍수이다(최창조, 1990 : 34). 이러한 풍수의 음양 조화론에 따라 위의 세 가지 도구의 상징적 의미에 대해 분석하면 다음과 같다. 먼저 도구의 성적 상징성과 그 도구를 사용하는 행위 자체의 에로틱 상징 효과와 관련시켜 보면, 정기(精氣)의 매개체로서 이중적 의미를 가진다. 용도 면에서 세 도구는 행위자 자신에게는 기복을 추구하는 데 사용되고 피해자에게는 단기에 사용된다. 칼과 쇠말뚝은 먼저 강력한 상해 무기로서 피학 대상(sadistic object)이 되는 충무공의 기를 제압하는 데 사용되지만, 한편 그 자체 모양이 갖고 있는 남근적 상징성은 여성을 상징하는 땅과의 성적 접촉을 통해 명당이 갖고 있는 생기의 전이를 가능하게 하는 것이다. 땅의 지기는 끊임없이 흐르는 생명의 신비를 지니며 음양의 결합을 통해 생명을 보존 증식하는 성향을 가지기 때문에 묘지나 집, 칼과 쇠말뚝 같은 남근적 상징은 그러한 왕성한 생명력을 전이하는 매체가 될 수 있는 것이다.

그러면 묘지 훼손 사건에서 왜 무당 양씨는 묘지에 칼과 쇠말뚝을 박는 풍수 행위의 모티프를 일제에 의한 단맥 행위에서 얻었을까? 무속인 양씨 자신이 진술한 얘기뿐 아니라 이 사건에 대한 언론 보도 내용도 이 사건을 일제가 민족 정기를 말살할 목적으로 전국의 명산 정상 곳곳에 단혈 철주를 박았던 일과 같은 맥락에서 해석하고 있다(「중앙일보」, 1999.4.22). 한 신문 사설에서는 그러한 행위가 "효과가 있을 턱이 없고 쓸데없는 일"인데도 끊이지 않고 행해지는 미신이라고 한탄하고 있는데, 여기서 나는 물론 그러한 일이 결국 쓸데없는 일로 알려진다 해도 왜 끊이지 않고 계속 횡행되는지, 그러한 민간 신앙의 지속적인 관행이 특히 일제 식민주의 경험의 상징적 상처로 남아 있는 일제 단맥설과 연관되어 이해되는지 분석해 보고자 한다.

일제 단맥설과 역사의 정기

일제 단맥설(斷脈說)은 일제 시대 조선 총독부가 한민족의 저항이 두려워 민족적 지도자와 인재가 나올 만한 명당의 기맥을 자르기 위해 계획적으로 명당에 쇠말뚝을 박았고 또한 한민족의 민족 정기를 압살하기 위해 서울의 주산인 북한산을 비롯하여 명산의 산정에 쇠말뚝을 박았다는, 식민주의를 기억하는 하나의 설화이다. 소위 "일제 단맥설"은 1984년 북한산 백운대에서 풍수사를 포함한 산악인들에 의해 25개의 직경 45cm의 쇠말뚝들이 발견된 이래 매스컴을 타고 역사적 사실로 인식되어 왔으나 신빙성 있는 문헌에 의해 아직 학술적으로 규명된 것은 아니다. 외래인에 의한 민족 정기의 단맥설은 18세기에 씌인 『택리지』를 비롯한 지리서와 읍지와 같은 문헌에 구전 설화로 전승되어온 바 있으며 일제 단맥설도 그 맥락에서 이해될 수 있다(이중환, 1992 ; 장덕순, 1995 ; 신월균, 1994). 그러나 일제 단맥설의 진위는 아직 밝혀지지 않고 있다(野崎充彦, 1994). 1984년 백운대 쇠말뚝 발견 사건 이후 일부 극단적 민족주의자 풍수사를 중심으로 1988년 결성된 「우리를 생각하는 모임」의 활동은 풍수에 대한 일반 사람의 관심을 불러일으키면서 일제 단맥설은 반일 감정과 더불어 국수주의적 민족 감정을 고조시켰다(최어준, 1985). 1995년 김영삼 정부 당시의 구총독부 건물의 폭파 해체 사건은 1984년 일제 쇠말뚝 사건이 유포한 일제 단맥설이 역사적 사실로 고착되어 "역사 바로 세우기"라는 일련의 정치적 전시 행정으로 드러난 대표적 상징적 사건이다. 글쓴이 자신도 일제 단맥설을 역사적 사실로 알고 있었으니 초등학교도 나오지 않은 무학의 무속인 양순자나 다른 무속인들이 이 사실을 믿었다는 것은 당연한지도 모른다.

일제 단맥설이 이제는 역사적 사실로 널리 인식되고 있으나 건축가나 지리학자 등 전문가들이 의문을 제기하고 있듯이(野崎充彦, 1994:156) 설사 명산 산정에서 실제로 뽑은 쇠말뚝이 증거물로 있다 해도 그 용도가 진정으로 계획적으로 민족 정기 말살을 위한 것이었는지 아직 심증만 있을 뿐 그 사실을 확실하게 입증할 문헌 자료가 나오지 않은 이상 일제 단맥설도 일제 식민주의 경험을 기억하는 하나의 "허구적" 각본이라고 할 수 있다. 그렇다면 일제 식민주의 경험에 대하여 왜 그와 같이 피학적인 성적 함축을 가진 각본에 따라 인식하는지 한국 근대사의 맥락에서 아직도 떠돌고 있는 일제 식민주의 망령에 대하여, 그리고 그러한 망령의 존재에 대한 확신에 근거하여, 끊임없이 새로운 양태의 민족주의가 등장하고 성행하는 문화적 현상을 어떻게 해석할 것인가?

묘지 훼손 사건에서 압축적으로 드러나는 일제 식민주의에 대한 한국인의 집단적 기억 양식이 가지고 있는 성적 함의는 한국 현대사의 두 축을 구성하고 있는 식민주의와 민족주의의 변증법적인 투쟁의 서사 과정에서 표출되는 "역사의 주술화"에 대한 해명을 통해 살펴볼 수 있다.

풍수 연구자 최창조는 돌아가신 부모님을 편안히 모시겠다는 마음에서가 아니라 자신이 그 음덕으로 복을 받아보겠다는 이기적인 생각에서 이른바 명당이라는 곳에 호화 분묘를 쓰는 사회 지도층의 "타락하고 변질되고 왜곡된" 행태의 발복 풍수에 대해 비판하며 음택 풍수에 대한 집착을 경계한 바 있다(최창조, 1990). 그러나 발복 풍수는 식민주의 역사와 민족주의 역사가 변증법적으로 투쟁하며 진행된 한국의 근대성의 구조 안에서 근대성의 정기를 민중이 어떻게 활용하였느냐 하는 문제와 관련하여 생각해 보면 얼마든지 그 풍수적 인식 체계의 역사적 의의를 찾을 수 있다. 여기서 무속인의 묘지 훼손 사건은 "개인의 지병과 발복"을 위해 식민주의 기억을 이용하는 역사의 주술화 현상으로 볼 수 있다. 역사의 주술화는, 관념으로서의 "역사"를 자연적인 이미지, 땅(명당) 위에서 재현하며, 식칼과 쇠막대, 폐유와 같은 물질적 실체를 사용하여 "역사의 의미"를 실현하는 역사의 자연화(naturalization) 현상이라 할 수 있다. 제임스 프레이저의 모방에 의한 유감 주술(sympathetic magic) 이론을 적용시켜 다시 설명하면, 무당의 성인 묘소 훼손 행위는 식민주의 역사를 모방하는 그 행위를 통해 식민주의 역사가 내포하는 권력의 힘을 자연화하는 것이다. 한편, 일제 단맥의 모방 행위를 통해 치병과 기복의 목적을 달성시킬 수 있다는 신앙은 일제 단맥이 기도했던 민족 정기 말살의 위력에 대한 믿음의 반영이며, 그것은 자연(땅)의 힘을 역사화하는 것이라 볼 수 있다 (Taussig, 1993 : 250-251).

이와 같이 자연을 역사화하고 역사를 자연화하는 유감 주술의 힘은 묘소 훼손 사건 자체가 한국 역사와 종교 문화의 장에서 점유하고 있는 다양한 위치에서 발생한다. 묘지를 훼손한 양씨는 이십대에 신내림을 받았으며 밤마다 알 수 없는 신령들이 나타나 목을 조르고 괴롭혔으며 기도 끝에 왕과 장군들의 신령임을 알게 돼 이 "혼령들의 정기를 끊으려고" 왕릉과 장군릉 등에 칼과 쇠말뚝을 꽂는 저주를 했다고 진술하면서, 이러한 행위 동기를 또한 "가족들이 잘되기 위한 일"로 해명하고 있다. 이 진술에서 볼 수 있는 것은 왕이나 장군령 등 영적인 존재들과의 친밀한 정서적 관계에 대한 무당의 확신이다. 자신의 몸의 병과 고통을 통해 직접적으로 신령과 인간 사이의 접촉과 소통을 매개하는 영매(medium)로서 무당이 갖추고 있는 이러한 내면적 능력은 과거와 현재, 조상과 자손, 묘소와 가정 등의 시공간적 경계를 매개하며, 더 나아가 식민주의와 민족주의, 근대성과 탈근대성의 인식론적 경계를 매개하는 능력으로 확장된다.[2]

식민적 근대성의 기념비 : 남근적 "민족"

프리드리히 니체는 『역사의 이용과 오용』이라는 책에서 체제 수호적

이냐 반체제적이냐 하는 역사 기술 행위 자체의 정치적 역할에 따라 역사의 유형은 기념비적 역사(monumental history)와 비판적 역사(critical history)로 나뉜다고 보았다(Nietzsche, 1980 : 17). 우리 나라의 근현대사는 일제 식민주의와 민족주의 사이의 경합과 착종의 역학 관계로 구성된 기념비적 역사로 볼 수 있다. 그리고 그 기념비는 "민족"이라는 신성한 가면을 쓴 남근(phallus)적 상징으로서 국가 정책의 수립에 있어서나 민족적 집단 정체성의 정립과 풍수와 민간 신앙의 상상계에서 모든 종류의 권력의 근원지로서 작동해 왔다.

1948년 대한민국 수립과 함께 시행된 반민족 행위자 처벌 조치에서 시작하여 1995년 구총독부 건물의 폭파 해체에 이르기까지 지속적으로 때로 돌발적으로 행해진 일련의 반식민주의 정치적 행사는 모두, "민족"이라는 신성한 남근의 거세 위협에 대한 환상의 결과였다. 해방 50주년을 기념하기 위해 1995년 김영삼 정권이 단행한 구총독부 건물의 폭파 해체에 대해 일부 언론에서는 이 사건 자체를 단지 식민주의의 기념비를 흔적 없이 없애 버리는 물리적인 행위라기보다 문민 정부의 정통성 확립을 위한 상징 조작으로 비판하고 있으나, 이러한 상징 조작은 문민 정부의 "역사 바로 세우기"라는 정치적 명분뿐 아니라 "민족 정기"를 식민주의 기억에서 해방시킨다는 문화적 명분을 가지고 일반 대중들에게 깊은 영향력을 미쳤다.[3] 1984년 백운대 쇠말뚝 발견 사건에서 발단하여 1995년 구총독부 건물 폭파 해체 사건에서 완성된 "명당과 민족 정기의 신성성"에 대한 문화적 각본은 일반 민중의 몸과 마음에 각인되어 1999년 무속인 묘소 훼손 사건으로 표출된 것이라

볼 수 있다.

명당 풍수에 관한 일반 대중의 민족주의적 믿음은 1984년 대단한 반향을 불러일으킨 한국 풍수 연구서 『한국의 풍수 사상』과 『한국의 풍수 지리』(1993)의 저자 최창조의 다음과 같은 신념에서 잘 드러난다.

> 우리 풍수의 아버지 도선도 그러했고 고려 태조 왕건이나 조선 태조 이성계도 그러했다시피 그들은 국토를 명당화하겠다는 생각으로 혁명을 꿈꾸었고 혁명을 성공시켰다. 홍경래나 전봉준도 당대의 일급 풍수가들이었는데 그들 역시 사회적으로는 대동 사회를, 사상적으로는 개벽을, 그리고 지리적으로는 풍수적 명당 사회를 꿈꾸었다고 나는 믿는다 (최창조, 1993 : 92).

그가 말하는 "전국토의 명당화"나 한국의 중세사에서 현대사에 이르기까지 뭇 민족 영웅에 의한 사회 변혁을 풍수 지리적 명당 사회의 구현으로 보는 관점은, 지나친 민족 중심주의적 역사관이라고 비판을 받고 있기는 하지만, 묘지 훼손 사건과 구총독부 건물 폭파 해체 사건에서 엿볼 수 있는 한국 근대사의 폭력적 질서를 이해하는 데에 시사하는 바가 많다.

민족 영웅과 조상들의 묘에 식칼과 쇠말뚝을 박아 이들 민족 영웅과 선조의 정기를 빼어와 자신의 치병과 가정 화목을 도모하려 했던 한 무당의 묘소 훼손 사건이 자연의 힘을 이용하는 풍수적 사고에 기초하는 것이라면, 민족 정기의 재정립과 재활성화를 위한 구총독부 건물의

1995년 구총독부 건물 폭파 해체 모습과 해체 후 광화문 거리.

폭파와 해체 사건은 역사의 힘을 이용하는 민족주의적 사고에 기초하는 것으로 모두 폭력을 사용한다는 것이 공통적으로 드러난다. 두 사건의 맥락에서 보면 폭력은 가정의 질서와 민족 사회의 질서를 바로잡고 재창조하는 필연적인 계기로서 정당화되고 있다. 구총독부 건물의 파괴는 식민 질서의 구조를 없애고 탈식민적 한국 사회의 재건을 위한 필연적인 역사적 폭력이었다.

르네 지라르의 "근원적인 폭력"(generative violence) 개념은 이러한 폭력의 정당화를 이해하는 데 유용하다. 지라르는 폭력을 인간 사회의 가장 본질적이며 근본적인 기초, 문화 질서의 창립자로 본다. 즉 어떤 사회에서도 폭력의 근본성에 대한 종교적 믿음을 가지고 있어서 사회 질서의 구축에 폭력 행위가 필연적으로 개입하며 그러한 질서는 희생양 메커니즘(scape-goating)에 의해 구축되는 "희생적 질서"(the sacrificial order)라고 정의하였다(Girard, 1977 : 142-143). 희생양 메커니즘에서는 파괴와 창조의 작용이 동시적으로 일어나는데 파괴의 작용은 성스러움의 아우라를 입고 창조의 작용으로 인식되기 때문에 희생적 질서에 대한 믿음을 가진 사회 성원에게 폭력은 공포를 넘어서서 성취하는 평화와 비폭력의 상태를 마치 무상의 선물인 것처럼 보이게 한다(Girard, 1977 : 390-391). 구총독부 건물의 파괴는 그 파괴의 위력으로 정기가 가득 채워진 "민족" 남근을 신성화하는 민족주의 승리의 스펙터클이었으며, 고조된 반일 혹은 극일 정서를 카타르시스화하였다.

이와 같이 한국 근대화의 희생적 질서는 1970년대 말 정부 부처 이

전이 있기까지 중앙청으로 오랫동안 사용되어온 해방 후 역사의 장에서 이미 자연화(naturalization)된 구총독부 건물의 파괴를 필요로 했던 것이다. 그러나 과거 식민지 시대의 상징물인 구총독부의 파괴를 통해 완성하려 했던 근대화 프로젝트는 민족 남근의 허약한 토대가 무너지면서 미완으로 남아 있다. 일제의 식민 질서를 극복한 것으로 믿었던 자본주의 질서는 구총독부 건물을 해체한 같은 해, 거의 동시에 일어난 삼풍백화점과 성수대교의 붕괴와 IMF 구제 금융 위기에서 다시 한번 그 취약성이 노출되었다. 민족적 자긍심에 부풀고 포스트모던 시대의 지구촌 시민으로서의 자격 조건을 갖추었다고 굳게 믿었던 한국 사회는 한국의 근대성에 대한 깊은 회의와 함께 미래에 대한 불안에 빠져 있다. 한국의 식민적 근대성이 기념비로 세운 민족 남근은 적어도 상상계에서는 아직 완전한 남성이 되기에는 허약했다.

이러한 현상을 최정무는 "식민적 근대성" 문제라고 지적하고 있다 (Choi, 1997). 즉, 한국인의 근대화는 "근대성 없는 근대화", 달리 말하면 근대적 주체성이 결여된 황홀경 같은 그림자 근대화라는 것이다. 그는 식민적 근대성의 작동을 상품 물신주의에 비유하고 있다.

> 상품은 생산 관계를 감추면서 욕망을 생산하는 마술적인 후광 혹은 황홀경을 구사한다. 지식 생산이든 식민 행정이든 간에 근대성의 시각적이고 물리적인 구체화가 일종의 마술을 걸어 표상되는 권력에 대한 욕망을 생산했다. 이러한 관계에서는 한국인들은 근대성의 창조자, 참여자가 아니라 관객(spectator)이라는 한정

된 위치로 밀려난다. 포스트모던 세계의 관객으로서 주체성이 발전한다면, 식민화된 한국인들의 근대화는 근대성 없는 근대화였다 할 수 있다. 남한의 근대화는 물신화된 시각적, 물질적 근대성을 모방하는 데 집중했으나 이는 이를 밑받침하는 하부 구조까지 포함한 것은 아니었다. 이러한 과정에서 현대 한국은 식민지 과거를 극복했다기보다는 일본의 복사물이 되어 왔다(Choi, 1997).

여기서 한국의 식민적 근대성의 허약한 구조는 다음에 논의할 일제 식민 정부가 취한 풍수 정책과 그 주술적 효과에 기인한다.

식민주의 주술과 에로틱 풍수

일제 단맥설의 진원지로서 구총독부 건물은 식민 지배의 총 본산이었을 뿐만 아니라 피식민지 한국의 땅을 여성화하여 성적으로 유린한 거대한 "식민 역사의 남근"이었다. 탈식민 시기에 이를 대체한 "민족 남근"은 식민주의 기억을 환기할 때마다 그 남성성의 기는 꺾이고 허약해지기를 반복해온 것이다. 식민주의 역사와 민족주의 역사의 에로틱 정치학은 한국인이 근대화의 관객으로 머물러 있는 한, 성적 불평등의 식민적 위계 질서로 남아 있을 것이다. 최정무(1997)에 의하면 한국을 여성화한 일제 식민주의의 에로틱 주술화 과정은 일제의 풍수론에서 비롯하여 해방 후 최근에 이르기까지 민족주의적 풍수론에서 여실하게 드러난다.[4]

구총독부 건물은 독일인이 설계한 화강암 모놀리스 건축물로, 비스마르크 및 제3제국 시기의 건축물과 유사한 남성적인 건축 스타일로서 인도 식민 정부 건물이나 대만 총독부 건물과 마찬가지로 식민 지배자의 권력과 권위를 상징하기에 부족함이 없는 웅장한 건물이다.

1995년 구총독부 건물의 폭파와 해체는 단순히 식민지 과거의 굴욕적 흔적을 없애 버리는 것뿐 아니라, 일본 식민 정부가 풍수 지리상 매우 중요한 자리에 총독부 건물을 건설함으로써 억압한 민족 정기를 복구한다는 명분으로 수행된 탈식민적 스펙터클이었다. 한 신문은 일제가 명산의 산정에 박았던 쇠말뚝을 거론하며, 구총독부의 철거는 민족 정기를 가로막았던 가장 큰 "식민지 말뚝"을 뽑아내는 것에 견주기도 하였다. 구총독부가 가장 큰 "식민지 말뚝"으로서 가지는 풍수 지리적 상징성은 1931년에 나온 『조선의 풍수』 저자 무라야마 지쥰의 한국 풍수관에서 잘 나타난다.

식민지 경찰 총수였던 무라야마 지쥰은 『조선의 풍수』에서 묘지 풍수를 예로 들면서 한국인들은 자연 환경이 여성의 성기 모양을 띤 곳을 풍수 지리상 길한 위치로 믿는다고 해석했다. 묘지가 놓이는 자리뿐 아니라 묘지의 내부 구조도 여성의 성기를 표상하고 있는데 고구려나 백제의 묘는 관이 들어가는 입구나 통로가 "어머니의 성기"를 명백히 표상하고 있다는 것이다.[5]

일본에서 풍수 지리학은 한국이나 중국만큼 압도적이지는 않았으나 일제 총독부는 한국 문화에서 풍수 지리가 차지하는 중요성을 잘 알고 있었고 식민 지배 기간 내내 이러한 토속 문화의 코드를 충분히 활용하였다. 무라야마의 성욕화된(sexualized) 풍수 지리학을 따른다면, 1926년에 지어진 총독부 건물은 한국의 주권, 더 나아가 한국 민족을 대표하는 경복궁, 즉 자궁 입구에 세워졌다고 할 수 있다.[6] 식민 정부는 무라야마식으로 해석한다면, 민족의 질 입구에 정복의 날인을 새김으로써 해당 민족에 대한 강간을 의미하게 된다. 쇠말뚝을 박는 것도 비슷한 상징적 강간을 행사하는 것이다. 양자 모두 감염 주술의 테크닉을 구사한다. 못을 박아 한국의 풍광을 고정시킴으로써 민족의 몸 전체를 부동화시키는 이러한 주술을 통해 한국의 몸은 폭력을 용인하는 "여성적" 수동성으로 변이, 고정된다. 또한 총독부 건물이 화강암으로 건축된 것은 민족의 몸 전체를 석녀화시키겠다는 의미를 함축한다. 질 입구를 석조 건물로 봉쇄하는 것은 여성화된 민족의 불모성을 유도하는 유감 주술의 상징적 공연이라고 하겠다.

이와 같이 풍수 지리를 동원한 총독부 건물은 식민화된 민족의 상징적 자궁을 돌로 막아 한국 정복을 주지시키는 식민주의적 주술로 작동하였다. 또한 전근대적 궁궐 입구에 건설한 독일식의 건축 양식은 일본의 근대성을 표상하는 주술이기도 했다. 한국을 여성화시키는 주술은 식민지 통치를 위한 국가 기구의 필수적인 부분이었다. 총독부 건물은 종족 말살의 함축을 담은 식민 정복의 기표이자 식민주의 원형 감시 체계(panopticon)이다. 총독부 건물의 시각성 자체가 한국 민중들의 생활을 감시하는 국가의 훈육적인 권력을 행사할 뿐 아니라 전근대적 한국의 풍광에 위치함으로써 그 자체로 피식민인들의 시선에 스펙터클이 되는 데 유리했다. 그렇다면 식민화된 한국인은 식민지 현실을 다루는 데 어떤 종류의 조망 위치와 관객성을 취했는가?

여기서 중요한 것은 식민화된 한국인들의 주체성이 식민주의 이중 담론에 갇혀 있다는 것이다. 한국인들은 일제의 일부분으로 구현되면서도 식민화된 민족적 타자로서(ethnic Other) 일본 제국주의로부터 탈각된다(dis-membered). 탈식민주의 시기에 일본에 대한 한국인들의 억압의 다른 차원은 피학적인 식민주의 근대성과 우울증 투사 문제와 관련된다. 한국의 민족적 주체성에 대해 애도를 표하는 우울증은 반식민지 민족주의의 중심 주제이다.

가부장제하에서 한국의 민족적 자아는 남성적이라 볼 수 있고 민족 주체성에 대한 애도는 식민화 이전의 사대주의에 기반하고 있다. 중화주의 질서에서 일본은 한국보다 낮은 지위를 지니며 문화적으로 여성적인 위치에 머문다. 그런데 식민지 경험은 남성성을 제거하고 여성화되는 것, 프로이트적 용어를 빌리자면 거세되는 것이었다. 이러한 거세가 그 동안 여성적인 것으로 여겼던 일제 식민주의 권력에 의해 행사된다는 것은 심각한 자아 상실의 문제가 되었고 따라서 한국의 남성 민족주의자들에게 죄의식을 갖게 했다. 여성 코드로 기표화된 식민적 자아와 남성 코드로 기표화한 탈식민적 자아 사이에서 한국의 남성적 민족주의자들은 과거 역사에 대한 죄의식을 폭력과 파괴 행위를 수반하는 자기 부정으로 수행하였는데 그 사건이 바로 구총독부 폭파 해체 사건이다. 이들의 네거티브 자아 인식은 역사의 희생자를 재신성화(reconsecration)함으로써 비로소 과거 식민주의 역사에서 상실된 민족의 자리를 되찾도록 이끈 것이다. 식민주의적 상징계에 갇혀 있던

"여성의 몸"을 파괴함으로써 탈식민주의적 상상계의 남성적 민족의 몸은 해방되어 새로 태어나는 것이다. 민족 정기와 민족적 자아의 진실은 지금까지 공공연한 비밀로 간직되어 왔으나 상징에 대한 폭력적 파괴 행위에서 파괴 대상으로부터 발산되는 네거티브 에너지는 그 비밀의 신비를 재신성화하는 것이다.

해방 후 한국은 거세를 피하기 위해 자본주의의 초자아인 미국과 자신을 동일시했다. 오이디푸스 플롯을 따른다면 남한의 민족주의 담론은 일본을 반드시 억압해야만 했던 것이다. 그러나 복잡한 점은 한국의 민족주의가 한국을 자본주의 세계 질서와 강하게 동일시하는 초남성성(hypermasculinity)[7]을 구성한다면, 식민주의 역사가 전이한 거세 콤플렉스와 수치는 남아 있고 그 상처는 여전히 피를 흘리고 있는 것이다. 이러한 상처받은 역사 감각이 한의 미학적 영역에서 축적되어 일제 단맥설의 환영으로 나타났고, 또한 한의 민중적 감각은 무속인의 묘지 훼손 사건으로 표출된 것이다.

맺으며

이상으로 무속인 묘지 훼손 사건에 대한 구체적 의문점에서 출발하여 한국의 풍수 사상의 토대 위에서 그 사건이 함축하고 있는 성적 상징주의와 역사적 의미에 대해 살펴보았다. 묘지 훼손 사건은 1999년 4월 20일에 언론에 알려지고 5월 16일 무속인 양순자 씨가 문화재 관리법 위반으로 구속되기까지 짧은 기간 동안이지만 광범한 계층의 사람들로부터 다양한 반향을 일으킨 사건이다. 동료 무속인들에게는 점 보러 오는 고객의 발길이 뜸해졌고, 한편 그녀가 범행 참고서로 활용한 참고서로 알려진 『한국의 묘지 기행』과 고 육관도사 손석우의 『터』를 비롯한 풍수 지리 서적은 불타나게 팔리는 때아닌 특수를 누렸다 한다. 양씨는 내림굿을 받기는 했으나 사찰에서 불경을 공부한 불교 신자라고 자신의 종교를 밝히고 『나무묘법연화경』을 늘 곁에 두고 읽었다고 진술하고 있는데 일반 신자들은 이 경전을 『법화경』이라고 부르기 때문에 아마 양씨가 일본에서 유래된 특정 종파의 영향을 받았을 가능성이 크다고 일본과의 연계성에 대한 의혹을 떨쳐 버리지 않고 있다. 양씨가 부산에 살기 때문에 일제 식민주의자 후예들의 사주를 받아 이들 대신 전국을 돌아다니며 민족 정기를 말살하는 묘지 훼손 범행을 했다고 추측하는 언론도 있었다.

이러한 황당한 추측은 일제 단맥설에서 기원하는 식민주의 기억의 가상 현실 위에서 발생한다. 현대의 탈식민 시기에서도 "일본"은 대중 담론에서 한국의 정체성을 규정하는 중심적인 위치를 차지하고 있다. 달리 말하면 한국인들이 극복해야 할 구식민지 지배자로서 일본의 존재가 한국의 민족적 상상계를 형성하는 데 계속 관여하고 있는 것이다. 일제에 대한 식민주의 기억이 무속적인 환영처럼 떠돌고 있는 한 — 과거 봉건 왕조의 영웅들과 선조들, 일제의 압제자가 뒤엉켜 단일한 초월적인 존재로 인식되고 있는 한 — 한국의 식민적 근대성은 필연적으로 그 야만적 주술성을 필요로 한다. 그 주술의 힘은 국수주의적 민족주의에서 그리고 무속적 저주 행위에서 수행되고 있다.

이 글에서는 묘지 훼손 사건을 언론에서 다루듯이 시대에 뒤떨어진 미신이나 범죄 행위, 혹은 점잖은 풍수가들이 평가하듯이 비윤리적인 그릇된 풍수 행위로 먼저 예단하기보다는, 이 사건을 바로 이러한 모든 의미를 모두 함축하고 있는 무속적 종교 현상으로서 접근하였다. 그리고 그러한 무속적 저주 의식(sorcery)에서 채택한 모든 도구와 행위가 상징하는 에로틱 정치학의 함의에 대하여 명상해 보았다. 묘지 훼손 사건은 마치 환영처럼 탈식민적 현실의 표면에 홀연히 튀어나와 50년 전 일제 식민주의 역사의 기억을 환기시키며 근대성에 대한 확고한 믿음 체계를 균열시키더니 또다시 망각될 운명에 처해 있다. 글쓴이의 명상을 통해서 이 사건에 부여된 의미는 사실 무속인 양순자와는 아무 상관이 없다. "묘지 훼손 사건"의 의미는 이 사건과는 이질적인 시공간성을 가진 "구총독부 폭파 해체 사건"과 연결되어 "식민주의 기억"의 의미 체계 안에 포괄될 때에만 존재하는, 다시 말하여 이 글의 텍스트 안에서만 존재한다. 묘지 훼손 사건과 구총독부 폭파 해체 사건은 가족의 안녕과 민족 국가의 재활을 위해 과거 식민주의 역사를 주술화한 것이다. 민족적 영웅의 묘소에 꽂힌 쇠말뚝이나 구총독부 건물이 상징하는 "식민주의 말뚝"의 남근적 형상은 그 실체를 미신으로 부인하거나 파괴하더라도 바로 그 환영적 기억으로 인하여 민족주의 역사는 재주술화된다. 두 사건에서 나타나는 식민주의 기억의 에로틱 주술은 한국인이 근대화의 관객으로 머물러 있는 한, 성적 불평등의 식민적 위계 질서를 계속 응결시킬 수 있는 위험을 안고 있으며 또한 탈식민적 근대화의 길을 저해하고 있다.

주

1. 경찰 수사에 의하면 1995년부터 현 사건에 이르기까지 모두 묘역 48기에 칼 158개와 쇠말뚝 125개를 박았다고 한다. 한 언론에서는 양씨와 문씨 두 모자가 훼손한 율곡 묘소 일대에서는 칼 51개, 쇠말뚝 45개가 나왔고 한 개에 3kg 가량 나가는 쇠말뚝 수십 개를 배낭에 나눠 지고 갔다는 이야기는 납득할 수 없다면서 "풀리지 않는 미스터리"로 남겨 놓고 있다(「중앙일보」 1999.5.16).

2. 무속인 양순자의 묘지 훼손 사건이 함축하는 것은 남아메리카 아마존 지역의 샤먼이 치유 의례와 축귀 의례, 그리고 재수를 불러들이는 의례의 연행을 통해 어떻게 남아메리카 식민주의 역사의 모순 — 치유와 공포가 교차하는 인식론적 음울의 상태로 나타나는 — 을 인식하고 또한 해소하는 방식과 유사하다. Michael Taussig, 1987, *Shamanism, Colonialism, and the Wild Man : A Study in Terror and Healing*, University of Chicago Press를 참조할 것.

3. 「한국 역사 연구회」의 인터넷 홈페이지(www.koreanhistory.org)에는 "헐리는 총독부"라는 제목 하에 조선 총독부 청사가 좌우 대칭의 석조 건물로서 배후에 있는 경복궁의 양끝 경계를 넘어서는 위압적인 건물로서 1995년 11월 17일 건물이 완전히 해체된 사실을 기념하는 글을 싣고 있다. 이 글은 "그런 건물이 없어지니 우선은 시원하지 않을 수 없다"면서 끝을 맺고 있다. 이 글이 5년이 넘은 시점에도 홈페이지에 남아 있다는 사실은 일제의 식민 통치에 대한 기억이 얼마나 끈질기게 우리를 붙잡아 놓고 있는지를 대변하고 있다.

4. 계속해서 최정무의 논문(1997)을 중심으로 논하고자 한다.

5. 무라야마 지쥰, 1990, 『조선의 풍수』, 동문선, 191-193쪽 도형을 볼 것.

6. 서울은 1394년 조선조의 수도로 풍수 지리학에 따라 건립되었다. 경복궁은 서울의 지형과 풍수 지리학에 걸맞는 중국 서안식 모델을 본떠, 서울의 북쪽 경계에 자리잡았다. 일자형의 석조로 된 조선 총독부 건물은 남성적인 건물로서 전근대적인 목조 건축물인 경복궁의 정면을 가로막고 위압적으로 서 있음으로 해서 식민 지배를 상징하는 대표적 건축물이었다.

7. 이 개념은 아쉬스 난디가 『친밀한 적 - 식민주의 시대의 자아의 상실과 재발견』(이옥순 옮김. 신구문화사, 1993)에서 처음으로 사용하였다.

참고문헌

무라야마 지쥰, 1990, 『조선의 풍수』, 최길성 역, 동문선.

신월균, 1994, 『풍수설화』, 밀알.

아쉬스 난디, 1993, 『친밀한 적 — 식민주의 시대의 자아의 상실과 재발견』, 이옥순 옮김, 신구문화사.

이중환, 1992, 『택리지』, 이익성 옮김, 한길사.

장덕순, 1995, 『한국 설화 문학 연구』, 도서출판 박이정.

최길성, 1989, 『한국 민간 신앙의 연구』, 계명대 출판부.

최어중, 1985, 「온 산에 쇠못 박아도 음양의 기는 불변한다 : 백운대 정수리에 박혔던 철주는 일제의 얄
　　　　팍한 풍수적 주술」, 『월간 산』, 1985, 10월호.

최창조, 1984, 『한국의 풍수 사상』, 민음사.

＿＿＿, 1990, 『좋은 땅이란 어디를 말함인가』, 서해문집.

＿＿＿, 1993, 『한국의 풍수 지리』, 민음사.

野崎充彦, 1994, 『韓國の 風水師たち』, 京都 : 人文書院.

Choi, Chungmoo, 1997, "Sorcery and Modernity" presented for the conference,
　　　　"Unmapping the Earth" in Kwangju, Korea, in Oct 24, 1997.

Girard, René, 1977, *Violence and the Sacred*, trans. by Patrick Gregory, Baltimore :
　　　　Johns Hopkins Univ. Press.

Nietzsche, Friedrich, 1980, *On the Advantage and Disadvantage of History for Life*, trans.
　　　　by Peter Preuss, Indianapolis : Hackett Publishing Company, Inc.

Taussig, Michael, 1987, *Shamanism, Colonialism, and the Wild Man : A Study in Terror
　　　　and Healing*, University of Chicago Press.

＿＿＿, 1993, *Mimesis and Alterity : A Particular History of the Senses*, Routlege.

근대의 기획, 젠더화된 노동 개념

김현미

나는 문화 인류학자로서 한국 여성 노동의 현실을 경험적 사실이나 통계 등을 통해 분석하는 것보다 문화적 현상으로 해석하는 데 관심이 있다. 즉 한국 사회의 남성 중심주의를 이해할 수 있는 통로로 노동을 보면서 노동과 일에 대한 여성주의적 비평을 하고 있다. 오늘은 한국의 근대와 여성의 노동권이라는 문제로 대화를 나누려고 한다.

근대성은 시대적 의미에서나 내용적으로나 여전히 모호한 개념이며 이에 대한 논의가 충분히 이루어지지 못한 상태다. 어떤 사람들은 한국의 근대를 논할 때, 1920-30년대의 식민지 근대를 근대의 시초로 보거나, 해방 이후의 미군정기를 근대로 잡거나 1960년대의 정치적 근대화 과정을 근대로 잡거나 하는 등 근대의 개념을 정의하는 데에 많은 차이들을 보이고 있다.

나는 1960년대 이후 한국의 근대화 프로젝트를 중심으로 근대의 개념과 여성 노동의 문제를 염두에 두고 이러한 근대화 프로젝트가 어떠한 방식으로 노동력을 동원하기 위해 성별(젠더) 이미지를 활용해 왔고, 여성들에게 "대가를 바라지 않는 희생"을 요구하면서 개별 여성들의 노동권을 제약해 왔는지에 관해 토론하고자 한다. 또한 우리 나라가 습관적으로 경제 위기나 불황 때마다 여성 노동자를 희생시킴으로써 이러한 위기를 극복해 왔다는 사실을 통해, 한국의 근대화 과정은 유교적 부형 지배 체제를 적극적으로 활용한 문화적 과정이며, 성별 권력에 기반한 경제적 변혁 과정이었음을 분석하고자 한다.

근대의 탄생과 남성 생계 부양자 이데올로기

일반적으로 근대의 탄생은 "개인 주체"의 출현이란 의미로 파악할 수 있다. 근대적 개인이란 전통적이며 집단적인 귀속적 지위로부터 자율성과 책임을 갖고 있고, 사회를 구성하는 기본 단위로 자기 자신을 의식하게 된 것을 의미한다. 이런 의미에서 서구의 산업 자본주의 출현을 근대의 시기와 일치시키는 경우가 많은데 이는 산업 자본주의가 새로운 방식의 인간 관계를 파격적으로 재편성한 역사적 흐름이었기 때문이다. 서구에서는 근대라는 개념의 탄생과 더불어, 자본주의 체제가 확립되면서 임금 노동의 개념 또한 등장한다. 그러나 이것은 노동자 모두가 자본가와 동등한 계약을 맺은 것이 아니라 남성 집단만이 정규 노동자 또는 대표 노동자로서 인정받는 성별화 과정이었다.

자본주의 근대는 남성 자본가와 노동자의 계약 관계를 "가족 임금제"라는 독특한 제도를 통해 확립해 가는데, 이는 개인 남성이 노동력을 팔아 얻게 된 임금으로 핵가족의 생계 부양자로서의 의무를 실현하게 하는 것이었다. 그런데 이러한 남성 생계 부양자 이데올로기는 여성의 일과 역할에 대한 규정을 새롭게 하게 된다. 즉 여성은 정규 노동자로서 인정을 못 받고, 공적 영역에서 남성의 임금 절반에도 못 미치는 임금을 받게 되고 사적 영역에서는 단순히 남성의 "감성적 동반자"로서 가사 노동과 육아에 대한 독점적 책임을 지게 된다.

자본주의 사회는 성에 따른 노동의 분업을 이루어낼 뿐 아니라, 여성이 행하는 모든 노동에 적절한 경제적 가치를 부여하지 않음으로써 여성의 공적 노동은 저임금화되고, 사적으로 행하는 노동은 부불 노동(unpaid)이 된다. 산업 사회라는 새로운 생산 양식은 남녀의 신체적 차이에 대한 고정 관념과 결합하여 여성의 경제적 무권력화를 심화시킨 것이다. 울리히 벡과 엘리자베트 벡-게르샤임(1999)은 이렇게 남녀가 불평등한 지위를 갖게 되는 것은 봉건적 측면의 잔존이 아니라 산업 사회의 산물이자, 동시에 기초라고 말한다. 한국 사회에서는 여기에 덧붙여 근대적 프로젝트를 주도한 국가의 역할을 고려해야 한다. 국가가 어떠한 방식으로 근대화 프로젝트를 진행시켰는가, 또 왜 그것이 현재 노동자로서의 여성의 지위를 여전히 좌우할 만큼 강력한 이데올로기로 작동하는가를 이해하기 위해서는, 근대화 프로젝트를 성별 관점에서 보아야 한다.

한국의 근대화 프로젝트 : 생산성 있는 민족주의적 집합체

한국의 근대화 프로젝트는 정부 주도로 이루어지는 산업화를 실현하기 위해, 노동 집약적이며 수출 주도형 제조업을 육성하는 일로 시작된다. 이러한 "국가 재건" 사업을 달성하고, 북한을 압도하기 위한 국력 배양을 위해서, 노동자 계급은 출발부터 "생산성 있는 민족주의적인 집합체"로서 동원된다. 빠른 시간 내에 자본주의적 축적을 이루기 위해서는 근대적인 노동 시장과 제도를 도입함과 동시에 근대화 과정에 의미를 확보해 주는 다양한 "문화적 과정"이 필요하게 된다. 박정희 정권은 문화를 정치적 도구로 적극 활용하고, 전통적 가치의 강화와 냉전 체제에 기반한 폭력 정치를 통해 일의 의미를 새롭게 재조직한다.

근대화 프로젝트 초기의 경제 개발론은 1960년대 후반부터 민족 중흥과 정신 근대화 운동을 강조하여 이데올로기적인 변혁에 주안점을 두게 된다. 노동자들의 일상에도 민족주의 정신을 불어넣기 위해 총체적인 교육, 문화 프로그램들이 도입되었고, 그 특징적인 것이 1973년에 도입된 공장 새마을 운동이다. 이 캠페인은 고된 노동을 국가 건설 및 국가 안보와 동일시하면서 계층적 이해를 국가적 이해와 같은 것으로 만든다. 이때 노동의 개념은 노동자와 사업주의 계약 관계를 통한 거래라기보다는 국가와 가족에 대한 도덕적이며 윤리적인 관계로 형성된다. 무엇보다도 중요한 것은 이러한 문화적 과정에 국가간의 자본 이동을 용이하게 해주거나 전통과 근대라는 시간적 구획을 의미 있게 구성해 주는 "성별"이라는 은유 체제가 동원된다는 점이다.

한국 노동자 계급의 일차적 구성이 주로 나이 어린 하층 계층의 여성들로 이루어지게 되는 것은 외국의 자본을 끌어오기 위한 "유인"의 전략과, 동원 및 통제를 가능케 하기 위한 선택과 무관하지 않다. 즉 여성들은 종종 토착 엘리트 남성과 외부에서 들어온 남성 엘리트 사이의 거래 대상으로 놓이게 되고, 자국의 경제적 근대화를 이루어 내기 위해 거래되어야 할 상품으로 놓이게 된다. 자본이 끊임없이 싼 노동력을 찾아 자유롭게 움직일 때, 진출국의 정부는 이러한 자본을 자국에 유치시키기 위해, 각종 법적 혜택과 온순하고 잘 훈련된 노동자의 이미지를 강조하게 된다. 남성적, 진취적, 공격적 이미지로 부각되는 자본과 여성적, 수동적, 호의적으로 상징화되는 노동은 국가간의 자본의 흐름을 원활하게 만든다. 이러한 자본 축적 전략은 아시아의 많은 발전 도상국이 서구의 오리엔탈리즘에 부합하여 저항 없고 유순한 여성 이미지를 영구적으로 고착시킴으로써 스스로 구성한 오리엔탈리즘(self-orientalism)을 형성하게 만든다.

여성들은 수출 지향 제조업의 구조적 취약점인 세계 소비 시장의 불예측성에 유연하게 대처하기 위한 가변 노동력으로, 저임금과 장시간 노동을 가능하게 하기 위해 보호할 필요가 없는 임시 노동력으로 선택된다. 여성 중심의 제조업 분야는 1975년까지 총 수출액의 70%를 담당하게 되며, 2차 산업에서의 여성 비율은 1963년의 7%에서 17.5%로 급격히 증가하게 된다. 1970년에 36만 명이던 여성 노동자의 수는 1978년에 109만 명에 다다르게 된다.

초남성주의적 발전주의 국가, 초여성화된 사회

한편으로 민족 중심적 노동의 개념은 성별 윤리를 활용함으로써 가부장제의 문화적 토대를 갖게 된다. 한과 링(Han and Ling, 1998)은 박정희 정권의 근대화 프로젝트를 "초남성주의적 발전주의 국가"(hypermasculine state developmentalism)의 전형으로 규정한다. 초남성주의적 국가는 식민지 지배를 받은 아시아의 국가들이 근대화 과정을 추구할 때 서구의 제국주의적이며 강력한 남성성을 모방하면서도, 자국의 내적 단결을 유지하기 위해 반동적이면서 강력한 남성성을 발전의 이데올로기로 삼는 것을 의미한다.[1]

이 경우 국가의 초남성성은 상대적으로 모든 사회적 영역의 "여성화"를 요구하며 전자본주의 단계의 고유한 문화적 특성이라는 것들을 새롭게 강화시켜 나가는데, 한국의 경우는 유교적 남성다움이 강력하게 복원된다. 한국의 권위주의적 발전 체제가 성공할 수 있었던 것은 한국 사회의 유교적 부형 지배(Confucian Parental Governance), 즉 유교적 남성다움인 도덕성, 엄격함, 체면, 가정의 행복에 대한 책임 등과 같은 전통적인 관념들이 근대화 프로젝트로 통합될 수 있었기 때문이라고 한과 링은 주장한다. 이 경우 도덕적 리더십에 대한 강조는 경제 발전에 대한 국가의 정치적 통제를 정당화하였고, 남성다운 엄격함이나 체면은 국내외에서의 위엄을 지키기 위해 국가에 대한 내부의 저항을 억압하는 합리화의 기제로 작용하였다. 그리고 가족에 대한 책임의 윤리는 가장 – 남편 역할을 하는 국가의 의무로 동일시되었다.

이러한 초남성화된 개발 국가에서, 사회는 수동적이고 무력한 지배의 대상으로 존재한다. 사회는 가부장적 상상력에 기반하여 남성의 권력으로 대변되는 국가 질서에 복종하고 불만에 대한 공적 발언을 억제하여 "초여성화"되고 이렇게 초여성화된 사회는 사회 경제적인 장자 (長子)라 할 수 있는 기업들의 성장을 도모함으로써 국가에 대한 저항을 자제하고 경제에 봉사하는 의무를 수행해야 했다. 즉, 한국의 초남성적 발전주의 국가에서의 성적 이미지는 곧 아버지나 남편의 이미지로서의 국가와 여성화된(모성) 이미지로서의 사회, 장자로서의 재벌과 기업, 딸로서의 노동자의 위계적 메타포를 구성하게 된다. 가족주의에 기반한 이러한 성적 이미지는 경제 침체 시에 유망한 기업이나 수출을 많이 한 기업을 "효자 기업의 역할을 톡톡히 한다"고 언급하는 상용화된 표현에서도 드러난다. 이때 유교적 부형주의의 여성됨은 내훈(內訓)의 여성 이미지를 기반으로 하여, 여성의 일은 "뛰어나지 않으면서 근면할 것"(diligence without brilliance)이 요구되며, 여성은 "나태와 부주의로 가족에 누를 끼치지 않아야" 하는 것으로 개념화된다.

유교적 가족주의 이데올로기

근대화 프로젝트는 또한 합리성과 효율의 극대화를 위해 유교주의적 위계 질서를 산업의 영역에서 훈육의 질서로 활용하게 된다. 즉 국가 주도하의 근대화 프로젝트에서 가족주의적 집합체 의식을 일터와 국가 단위로 확장시킨 것이다. 생산의 영역은 새로운 훈육의 장이 되고 노동자들의 일상은 국가 관리하에 놓인다. 근로자들은 근면, 자조, 협동이라는 가치를 일상화하면서, 공장 주변의 거리를 청소한다든가, 생산성을 높이기 위한 경쟁에 참여하거나 건전 가요를 부르는 등의 훈육 프로그램에 참여한다(전 YH 노조, 1984 : 87). 유교적 가족주의 이데 올로기는 여성 노동자들이 자신들이 하는 노동을 의미화하는 데에 주 요한 가치관을 제공해 주었다.

여성 노동자들의 수기를 분석한 정현백은 이들 1세대 노동자 여성들 이 가족주의적 가치관을 깊이 내면화하고 정체성의 주요한 부분으로 이해하는 것은 빈곤한 농촌 가정이나 도시 빈민이라는 그들의 계층적 위치와 관련이 있다고 주장한다. "자신이 아니면 가족들은 굶어 죽는 다"는 가족의 생계에 대한 책임은 또한 한국 여성 특유의 전통적인 자 기 희생 의식(정현백, 1991 : 411)에 기인한 것으로 본다. 그러나 기업 을 가족으로 생각하면서 노동자들의 무조건적인 헌신과 희생을 강요 한 것은 일관성 있게 관철되기 어려웠기 때문에 군사주의적 훈육 체제 를 통한 노동 관리에 의존할 수밖에 없었다.

부권적 가족주의의 다른 모습인 가장의 자비나 보호는 기업가들에 게 기대할 수 없었고, 근로자들의 요구를 억압하거나 통제하는 데만 가족주의적 집합체 의식이 선택적으로 이용되었다. 수동적인 복종만 을 요구받은 근로자들은 곧잘 기업가들에 의해 "우리 애들"로 불리고 (송호근, 1991 : 24-25), 노동자들의 근로 조건에 대한 요구는 곧 불경 한 것으로 이해되거나 외부의 불순 세력에 의해 영향을 받은 것으로 치부된다. 노동자들의 착취적인 노동 경험은 일터로 확장된 가족주의 이데올로기에 대항하여 기업측이 일터를 가족이라고 표현하는 것에 대해 "가축적 분위기"라는 표현을 쓰는 데서 잘 드러난다(송호근, 1991 : 27). 그럼에도 불구하고 근대화 프로젝트는 가족 및 민족과 국가라는 집단을 중심으로 개인의 역할과 정체성을 구성하게 만드는 데 성공한다.

근대화 프로젝트에 대규모로 편입된 생산직 여성 근로자들의 중첩적인 역할과 사회적 위치는 여성 노동자가 이미지화되는 방식에서도 모순적인 성격을 드러내게 된다. 국가를 위한 희생과 인내를 강조하기 위해 여성들은 종종 비성화(非性化)된 "산업 전사"(industrial warriors)나 "산업 역군"으로 묘사되고 여성 근로자들의 특수한 조건과 이해는 "무성적"(無性的)인 차원으로 격하되거나, 존재하지 않는 것으로 취급된다. 동시에 가족과의 관계에서는 책임 있는 딸(dutiful daughters)로, 계층적 위계상에서는 "공순이"라는 비하적인 이름으로 불린다(Kim, 1997). 1970년대와 1980년대에 대규모로 공적 영역에 진출한 여성들은 이런 의미에서 사적 영역과 분리된, 이성과 합리의 공간으로서 공적 영역을 경험한 것이 아니라 사적 영역의 지배적 이데올로기가 내재된 공적 영역을 경험하게 된 것이다.

민족주의적 집합주의가 가져온 사회 전반의 "무력화"

한국 사회의 근대화 프로젝트는 단순히 가족주의적 가치관을 국가와 일터로 확장시켜 냄으로써 생산성 있는 민족주의적 집합체를 이루어 낸 것이 아니라, 냉전 이데올로기와 결합된 군사주의 공포 문화의 내재화를 통해 사회 전반적인 영역의 "무력화"를 이루어 냈다. 노동자들의 요구는 종종 개별 사업장 내에서의 임금 인상이나 노동 조건 개선에 있었지만, 이러한 요구는 곧 정치적인 성격으로 규정되었다. 이는 노동의 개념을 국가 건설과 강하게 연결시킨 근대화 프로젝트하에서 어떤 형태의 노동 분쟁이나 갈등도 국가 이데올로기의 정당성을 위협하기 때문이었다.

우리에게 잘 알려진 1970년대와 1980년대 여성들의 민주 노조 운동도, 주로 개별 사업장에서의 임금 인상 요구였음에도 불구하고, 경찰과 "구사대" 등과 같은 반노동지 조직들에 의해 폭력적으로 진압당했다. 여성들의 경제적 억압 문제는 노동자의 기본권이라는 범주가 아닌, 복지와 구제의 차원에서 다루어졌다. 근대 이후 개별 노동에 대한 권리와 보상은 자본주의적 경제 발전을 위한 필연적인 산물로서 인식되어 왔지만, 한국의 근대화 과정에서 일의 개념에는 노동하는 개인의 정서나 의욕 등 사적 경험이 배제되고 일의 결과만을 강조하는 민족주의적 집합주의에 근거하였다.

1960, 70년대 한국의 근대화 프로젝트에 대규모로 편입된 근로 여성들은 한편으로는 "보살핌을 받아야 할 존재," 다른 한편으로는 "주장이나 논쟁을 삼가면서 근면하게 일해야 할 존재"라는 범주 사이에 놓이게 된다. 근로 여성의 가난과 착취적인 상태를 개선시키려는 진보적 사회 단체와 여성 운동가 학자들도 이러한 범주적 구분을 받아들이게 된다. 진보적인 운동가들도 여성의 노동 현실을 개선하기 위해서는 무엇보다도 여성이 부모, 국가, 경제를 위해 일할 수 있도록 그들의 책임 의식을 북돋우는 것이고, 참고 희생한 것에 대해 만족할 만한 보상 체계를 부여하는 것으로 이해했다. 근대적 국가 건설이라는 주요한 역사

적 임무 앞에서 여성들은 가부장제에 기반한 민족주의의 가치를 내재화하게 되고, 그 결과 국가에 기여함으로써만 여성의 권리를 획득할 수 있다는 사고를 갖게 된다.

1970년대 잡지와 문헌을 보게 되면 그 당시 한국 여성은 두 개의 그룹으로 나뉜다. 하나는 이제까지 말한 여성 노동자이고 다른 한 그룹은 "새여성"으로 불린 "지식 여성"들이다. 동시에 1970년대에는 "지식 여성"과 "현모양처"라는 말이 강화되면서, 남녀간의 사랑을 기반으로 한 핵가족 중심주의가 등장하게 된다. 즉 서구의 산업화 과정에서처럼 가족 임금제에 기반하여 남성에게 감정적 노동을 해주거나 사랑만을 꿈꾸는 여성 이데올로기들이 등장하게 된다. 이런 중산층 여성들은 국가에 의해 "새여성"이라고 불리면서 유신 헌법을 적극적으로 지원하고 국가에 헌신적으로 봉사하는 것을 생활 수칙으로 삼도록 요구받게 된다. 가정 주부나 노동 여성 모두 개별적인 자아라는 것을 갖지 못하고 의무와 역할만 있는 존재가 되기를 요구받아 왔던 것이다.

성차별적 노동 담론

1980년대까지 지속된 개발 독재는 성별 은유를 적극적으로 국가 건설에 활용함으로써 여성 노동에 대한 특정한 이데올로기를 생산해 왔다. 1980년대 이후 이러한 국가 중심적 노동의 개념에 도전하여 "여성 노동자"와 그들의 "노동권"에 대한 열띤 논의가 여성 운동계와 페미니스트 그룹 내부에서 이루어지게 된다. 이러한 움직임은 두 방향으로 일어나는데 그중 하나는, "여성 노동자"를 수동적인 대상이 아닌 정치적인 집단으로 부각시키고자 한 — 이것은 "사회 변혁 계열"의 지식인들을 중심으로 일어났다 — 흐름이고, 다른 하나는 여성들의 "차이"에 기반한 노동권의 개념을 확립하기 위해 법적 투쟁을 벌여나간 경우이다.

이러한 다양한 운동과 노력에도 불구하고, 우리는 IMF 경제 위기를 맞이하면서 또 한번 여성들이 개별 노동자로 인정받지 못하고, 국가에 무조건적으로 헌신해야 하는 수동적이면서 집난석인 대상으로 취급받게 된 것을 목격했다. 우리가 간과해서는 안 될 문제는 노동 그룹 내부의 가부장성과 노동 문제를 다루는 지식인 남성들의 남성 중심성이다. 노동 여성들이 자신의 노동 상황을 "권리"의 영역에서 언어화하지 못하는 것은 국가와 남성 노동자 간의 남성 중심적인 합의적 질서를 통해, 노동자로서 여성의 사회적 존재를 비가시화시킨 것에 기인하기도 한다.

노동계의 가부장성 때문에 여성 노동자들이 아무리 열심히 운동에 참여하여 정치 세력으로 등장해도 그들의 지위에는 별 변화가 생기지 않았다. 노동 운동은 계층적 이익뿐만 아니라 "남성 생계 부양자"라는 남성적 특권을 보호하는 운동으로 자리잡게 되는데, 한국의 노동 운동도 예외가 아니었다. 곧 노동 조합은 남성적 문화의 가치를 그대로 반영하게 되고, 남성 숙련공 중심의 "연대"(solidarity)의 개념화는 자연히 여성 노동자의 이해를 무시하거나 그들이 노동 운동에 끼친 공헌을 간과하게 만들었다.

예를 들어, 1987년 노동자 대투쟁 이후 등장한 전노협의 경우, 여성

조직원의 비율이 상당히 높음에도 불구하고 젊은 남성 노동자 중심의 전투성과 투쟁성이 강조되었던 것은 노조 집행부가 거의 남성에 의해 독점된 상황과도 무관하지 않다. 노동 계급이 진보적 변혁 세력으로 급부상한 1980년대 후반에도 "노동 조합"이나 "노동 운동" 내부에서 "여성 노동"의 구조적으로 열악한 조건이나 작업장 내 성적 착취나 여성의 모성권 같은 여성들의 특수한 이해가 고려되지 않았다. 오히려 남성은 정규, 선진, 핵심 노동자이고 여성은 임시, 후진, 주변 노동자라는 위계적 이분법을 강화시키고, 노동 운동은 남성성을 확보, 강화하는 정치 영역으로 자리 매김하게 된다. 노동 운동을 다루는 남성 지식인 계열에서도 여성 중심의 작업장에서 일어난 노동 운동 등은 거의 분석되지 않았다.

여성 노동자들은 "어쨌든 70년대 노동 운동이 경공업 여성 노동자 중심으로 된 것은 노동 운동의 질적인 발전에 커다란 장애가 되었다"(양승조, 1991 : 67)나 1990년 "노동 위기론" 시 "전노협은 비재벌 노동 집약적 제조업체 중심의 여성 근로자들이 다수를 차지하는 경기 인천 지역과 마산 창원 지역에 집중되어 있다는 조직 기반상의 커다란 약점을 갖는다"(최장집, 1992 : 243) 등의 언설에서 드러나는 것처럼, 노동 운동의 오류와 실패를 드러내기 위해서만 등장된다.

이러한 성차별적 노동 담론은 여성 노동자를 더욱 무력화하는 데 기여한다. 소위 진보 진영 학자들 중 노동 운동이 활발했던 1980년대 후반과 1990년대 초반에 노동 문제에 대해 쓰지 않은 남자 학자들이 거의 없다. 그럼에도 불구하고 그들이 다룬 노동 문제에서 왜 천편일률

적로 여성의 노동, 여성 노동자는 가시화되지 않고 있는가?

그 이유 중 하나는 지적 세계, 지식을 만들어 나가는 체계, 즉 학교, 교육, 연구 등의 분야에서 남성 중심성 때문에 여성의 경험이라든가 여성의 업적과 역할은 불필요하거나 중요하지 않은 것으로 치부되면서 기록되지 않는 데 있다. 두번째는 근대라는 개념이 설정해 놓은 한국 자본주의 사회에서 노동이 성별화되면서 실제적으로 무엇이 중요하고, 무엇이 중요하지 않는 노동인지가 노동의 질이 아닌, 노동을 행하는 사람에 따라서 구별이 되기 때문에 여성들의 노동은 비가시화되거나 중요치 않은 노동으로 간주되는 것이다.

결국 민족적, 생산적 주체로서 노동자들은 자신들의 계급적 이해나 성적 이해을 완전히 국가적 이해에 종속시켜야만 했고, 특히 여성들은 끊임없이 노동을 하면서도 그 노동에 적절한 가치를 인정받지 못함으로써 정치적으로나 경제적으로 무력화되어 갔다. 바로 이러한 무력한 상황이 역사적으로 계속 되풀이되고 있다.

1990년대 말 IMF 경제 위기 시에도 여성들은 금 모으기 운동을 통해 국가의 위기를 막아야 하는 존재로서 민족의 위기 때마다 등장하는 모순을 반복했다. 그 당시 공식적인 노동 영역에서 많은 여성들이 퇴출당하는 상황에서도 여성들은 기대만큼 적극적으로 개인의 권리로서 근로권과 생존권을 요구하지 않았다. 요구하지 않았다고 하면 지나친 말이겠지만 거센 저항이 없었다. 이런 상황은 근대적 프로젝트 이후 진행된 역사적 경험과 분리해서는 이해될 수 없는 문제이다. 일차적으로 국가적 위기 안에서 여성의 노동권은 국가와 기업에 의해 이런 방

1990년대 말 IMF 경제 위기 시에도 여성들은 금 모으기 운동을 통해 국가의 위기를 막아야 하는 존재로서 민족의 위기 때마다 등장하는 모순을 반복했다.

식으로 취급되어도 된다는 용인적 태도가 소위 국민적 정서에 뿌리 박혀 있는 것이다. 또한 이성애주의에 기반한 남성 생계 부양자 논리가 여성들로 하여금 자신의 노동권을 확보하기 위해 집단적인 저항을 하기보다는 개인주의적인 전략을 선택하게 만든다. 한국의 근대화 프로젝트 이데올로기에 의해 주입된 성차별 이데올로기를 여성들이 내재화하고 있는 것도 하나의 큰 문제로 지적될 수 있다.

글로벌 자본주의와 여성 노동

한국의 근대화 프로젝트와 여성의 노동권에 관한 몇 가지 맥락들은 다음과 같은 측면에서 정리될 수 있다. 노동하는 주체인 "여성"은 유교적 부권주의와 군사주의에 바탕을 둔 초남성적 근대화 과정에서 "대가를 바라지 않는 헌신"과 남성 가부장이 대표하는 가족, 기업 및 국가의 이해에 자신의 이해를 복속시키도록 요구받아 왔다. 이러한 남성 집단 중심성은 여성 노동자들의 정치적인 운동과 여성 노동권에 대한 법적 발전에도 불구하고 여전히 강력한 이데올로기로 그 효력을 발휘하고 있다. 여성 노동자들은 항상 경제 위기나 산업 구조 조정의 "희생물"로 취급되었고, 그때마다 "생존권"의 이름으로 투쟁을 벌였으며, 사회, 정치적 반향을 일으켰다. 그럼에도 불구하고 노동 시장에서의 열악한 위치 때문에 그들의 투쟁은 노동권을 확보해 주는 데 크게 기여할 수 없었다.

우리가 생각해 보아야 할 문제는 앞으로 단일 국가의 역할이 상당히 위축될 글로벌 자본주의 체제가 여성들에게 어떤 새로운 가능성을 줄 수 있는가 하는 점이다. 글로벌라이제이션이란 한편으로는 자본, 문화, 인적 자원 등이 국가간의 경계를 넘어 자유로이 이동하는 상황을 의미하고, 다른 한편으로는 디지털 네트워크와 글로벌 미디어 등의 첨단 기술의 발전으로 인해 분산되어 있던 지역간, 국가간의 경제적, 문화적 통합이 이루어지는 과정을 말한다.

강력한 국가 이데올로기와 민족주의적 정서를 바탕으로 구성된 한국의 근대화 과정이 "남성"을 대표적인 국민, 대표적인 노동자로 만드는 가부장적 질서를 기반으로 하고 있다면, 현재 진행되고 있는 글로벌라이제이션은 새로운 통합과 해체의 과정에서 한국 사회의 남성 중심적 질서를 변화시켜 낼 요인으로 등장하고 있다. 그렇다고 해서 근대적 기획인 산업 자본주의가 완전히 해체된 것은 아니지만 새로운 시대는 또 한번의 문화적 이데올로기를 통해 이러한 변화의 의미를 만들어 내야 하는 상황이다. IMF도 산업 자본주의에서 글로벌 금융 자본주의로의 변화 과정에서 한국 사회의 구조적 모순이 적나라하게 드러난 시대적 징후였다. 새로운 경제 논리와 문화 논리가 등장하고 있는 글로벌라이제이션의 상황에서 여성들의 상황은 어떠한가? 새롭게 등장한 가능성과 제약은 무엇인가?

한국 사회에는 경제 위기에 대처하는 고질적인 습관이 있어 왔다. 즉 1970년대 말 세계적인 경제 불황은 생산직 여성 노동자를 해고함으로써, 1980년대 산업 구조 조정은 "사양" 산업이라 규정된 여성 노동자가 다수인 의류, 직물 등에 경제적 지원을 포기함으로써, 동시에 한국에 들어와 있던 다국적 기업들이 더 싼 임금을 위해 철수하는 것을 아무런 대책 없이 방치함으로써, 많은 여성들이 밀린 임금도 제대로 못 받고 거리에 나앉게 했다.

1997년의 경제 위기 때도 똑같은 상황이 반복되었다. 노동의 유연화에 따른 자본의 요구는 더욱 거세지고, 여성은 더욱더 임시직 노동자와 주변부 노동자가 되고 있다. 노동과 자본의 위계 관계가 더 철저하게 벌어지고 있는 글로벌 경제하에서 가장 심각한 영향을 받는 것은 여성 노동자일 수밖에 없다. 유연 생산 방식과 적시 납품식 생산 방식이 주도적으로 되면서, 그때그때 쓰되 책임질 필요는 없는 노동력만을 요구하면서 인간의 사물화는 가속되고 있다. 이제 일터에서 노동 조합

간의 연대나 노동자들 사이의 결속도 기대할 수 없는 상황이다. 여성들은 직장을 통해 공적 정체성을 획득하고 자부심을 갖는 것이 더욱 어려워졌으며, 일상적인 삶의 불안 때문에 여성들은 심리적으로 더욱 위축되고 있다.

최근 눈에 띄는 현상은 국경을 넘는 이주 노동자의 수가 확대되고 있고, 그중 높은 비율을 차지하는 것이 서비스 분야에서 일하기 위해서 국경을 넘는 유색 인종 여성들이란 점이다. 생산의 자동화로 인해 제조업 분야의 일자리가 대폭 감소하면서 일터에서 밀려난 많은 여성들이 서비스 분야뿐만 아니라 유흥과 매춘업에 더욱 몰려들게 되는 게 세계적인 추세이다.

동시에 금융 자본주의와 정보 산업의 도래로 "아이디어"와 "창의력", 젊음에 대한 무분별한 찬미가 늘어나고, 실제로 이런 분야에서 고수익을 올리는 신흥 귀족이 탄생하고 있다. 글로벌라이제이션이 심화되면 이러한 신귀족들은 자신의 욕구를 충족시키기 위해 저소득 노동자를 고용하게 되면서, 이제까지 "사적"인 영역으로 간주되던 가사 노동과 섹슈얼리티의 영역도 돈으로 매개되는 주요한 경제 영역이 되게 만들 것이다. 그럼에도 불구하고 21세기는 여성의 시대라는 이름으로 정보나 문화 산업에서 고학력 여성들의 진출을 부추기고 있다. 지식과 문화 산업 등의 고부가 가치 산업의 성장은 결국 인력의 질이 생산성을 좌우할 것이라는 믿음을 확산시키면서, "성"에 구애받지 않는 전문 인력에 대한 기대가 늘어나게 만들고 있다. 이처럼 다양하고 복잡하게 진행되고 있는 현상들이 한국 여성의 "노동권"의 문제에 어떤 정치적 함의를 주고 있는지를 심각하게 성찰해야 할 것이다.

실제로 IMF 때 우리 경제를 부패와 파탄에 빠지게 한 것은 남성 중심의 연고주의에 의한 비합리적 자원 교환 때문이었다. 경제 파탄의 근본적인 원인이 바로 이러한 "문화적" 속성에 있기 때문에 한국 사회의 총체적인 구조 개혁과 경제의 투명성 확보는 인력에 대한 합리적인 선택에 달려 있고, 따라서 여성 노동력에 대한 인식의 변화 없이는 한국 사회의 내적 건실성은 유지될 수 없다.

─토론

Q IMF 위기와 더불어 여성 노동이 구조 조정될 때 여성 노동자들이 근로권을 스스로 요구하지 않았다는 애기를 하셨죠? 개인적으로 1970년대 말의 YH 사건에 관심을 가졌었는데 요즘에는 여성 노동자들의 목소리가 안 들리더라구요. 그래서 현황을 구체적으로 알고 싶어요.

A 아까도 말했듯이, 미디어 자체가 중산층의 취향을 기반으로 하고 있고, 노동 영역의 남성 중심성 때문에, 노동하는 여성들이나 투쟁하는 여성들에 대한 이야기가 별로 드러나지 못하고 있습니다. 그러나 자원의 빈곤과 사회적 무관심에도 불구하고 여성의 노동권을 확보하기 위한 노력은 끊임없이 진행되고 있습니다. 전국 여성 노조가 결성되었는데, 업종에 관계없이 여성 노동자면 누구나 가입할 수 있는 것으로서 결국 여자라는 생물학적 조건을 노동 운동의 전면의 부각시킨

경우라고 볼 수 있습니다. 최근 노조 내부에서도 성차별성에 대한 자성적인 목소리가 나오고 있습니다. 아시다시피 지난번 민주 노조의 사진 사건이 민주 노총 산하의 여성들에 의해 심하게 비판받은 경우가 그러하고, 진보적 운동 집단 내부에서의 성차별 문제에 대해 싸우는 운동가 그룹들의 경우가 또한 그렇습니다.

후기 자본주의 체제하에선 일이라든가 노동이라든가 하는 산업 자본주의적인 모든 문제들이 현실적인 무대 밖으로 사라지면서, 마치 우리 주변에선 더 이상 직장에서 고통당하거나 생존권의 위협에 시달리는 여성들이 없는 것처럼 재현되고 있는 것도 노동에 대한 관심을 무화시키는 데 기여한다고 봅니다. 욕망이나 이미지 산업이 활성화되면서 생산하는 여성보다는 소비하고 소비되는 여성의 이미지가 점점 지배적인 것으로 되어가고 있습니다. 여성의 몸을 대상화하는 서비스 산업이 더욱더 팽창하면서, 여성의 몸의 기능이 생산 영역에서 배제되고 소비의 대상으로만 전락하고 있는 것도 사실입니다. 한편으로 대중 매체나 언론에서 "가까운 미래에는 더 유연하고 감성적인 '여성적' 자질이 요구된다"고 하면서, 본질적인 여성성 때문에 정보 사회에선 질 좋은 인력으로 선택될 것이라는 검증 받지 않은 이야기들을 퍼뜨리고 있습니다.

실제로 이미지나 문화 산업 쪽에 많은 여성들이 진출하기 위해서는 감수성뿐만 아니라 고도의 테크놀러지에 대한 이해도 필요하고, 동료와 의사 소통할 수 있는 능력, 집중적인 노동에도 버틸 수 있는 체력, 그리고 여전히 여성에게 요구되는 가사 노동도 해낼 수 있는 에너지가 필요합니다. 그러므로 여성들이 감수성이나 창의력만 가지고 덤빌 수 있는 일은 별로 없다는 "현실적 인식"을 해야 한다고 생각합니다. 후기 산업 사회의 테크놀러지의 훈련을 제대로 받은 적이 없고, 경험이 없는 데다, 물적 기반도 없는 상황에서 여성들이 단순히 아이디어와 감수성만 갖고 문화 산업쪽으로 갈 수 있을 것인지 또, 만약에 진출한다 하더라도 문화 산업의 성차별적 직무 구조와 내용을 바꿀 수 있을 것인지는 다른 차원의 문제입니다. 우리는 여성들이 사회에 진출할 수 있도록 육아나 양육의 "공공화"와 여성들에 대한 고급 기술 훈련에 대한 요구를 줄기차게 해나가야 합니다.

Q 다른 아시아 유교권 국가와 비교해 볼 때 우리 나라의 상황이 더욱 심각한가요?

A 유교적 부형주의 지배 체제 또는 가족주의적 전통을 일터로 확장한 것은 우리 나라뿐만 아니라 싱가폴, 중국, 대만, 일본 등에서도 쉽게 발견할 수 있다고 봅니다. 문제는 우리 나라의 경우 반공 이데올로기를 강화시키면서 노동자의 이해를 국가의 정당성을 위협하는 정치적인 문제인 양 만들어 버린 것이 특수하다고 봅니다. 사이즈를 키우면서 재벌 중심의 근대화를 추진한 것도 일본과 한국의 특수성인데, 대만처럼 중소 기업 위주의 경제 정책을 편 나라는 경제 위기에 큰 위협을 받지 않고 여성 인력을 잘 활용하여 건실한 경제 구조를 만들어 놓은 것 같습니다. 대만도 냉전 이데올로기를 바탕으로 한 권위주의적 국가 체제이긴 하지만, 현재 국제적 업무가 많은 은

행, 증권, 외환 딜러, 방송국 등의 영역에서 여성이 반 수 이상을 차지하는 활약을 보이고 있다고 합니다. 동남 아시아는 워낙 "양성 문화"가 강한 사회이기 때문에 우리 나라처럼 온통 남성뿐인 직장은 없지요. 대만이나 싱가폴처럼 워낙 작고 자원이 많지 않은 나라니까 효율적인 인력 관리에 신경을 많이 쓴 것이겠지요. 이를 위해 성평등적인 "능력" 개념에 입각한 교육 및 인사 정책이 자리를 잡아 나갔다고 봅니다. 또한 재정 분야에 여성들이 많이 진출하니까 상대적으로 부패가 덜하고, 경제적 투명성이 보장될 수도 있었을 겁니다.

지난 3년 간 아시아 지역을 여행할 기회가 많았는데 가는 곳마다 여성의 활약이 대단해서 놀란 적이 많습니다. 나라마다 국가 경쟁력을 강화하기 위해 "능력주의"(meritocracy) 원칙을 교육 및 취업에 적극적으로 수용하다 보니, 당연히 여성들이 활발하게 경제 활동을 하고 있더군요.

싱가폴의 경우는 여성들의 참여가 중요해지면서 사적 영역에서 여성들의 노동의 양을 덜어 주어야만 된다는 것이 국가가 당면한 문제가 됐더라구요. 왜냐하면 많은 여성들이 공적 노동과 가사 노동을 병행하려니까 너무 힘들어 아기도 안 낳으려 하고 노인네들도 안 모시려 하고 이혼율도 높아지고 독신 여성도 많아지니까, 가족을 유지, 보호하고 출산율을 높이기 위해 양육 보조금을 많이 준다든가 남성들에게 "여성과 똑같이 가사 노동에 참여하라"는 국가 캠페인도 벌인다든가 하는 것이지요. 물론 유교적 가족주의 이데올로기를 유지하기 위한 것이지만, 양육과 가사 노동에 참여하지 않는 남성들을 여성들이 더 이상 받아들이지 않기 때문에, 국가가 적극적으로 개입할 수밖엔 없는 것이죠.

우리 나라도 국가 경쟁력을 높이고 경제의 투명성을 보장하기 위해 여성 인력 개발의 시급함을 느끼고 있으리라 봅니다. 지금 너무 한국 사회와 한국 남성들이 "위기 의식"이 없는 것 같아요. 물론 여성들이 경제적 활동을 하는 것만이 여성을 세력화하는 것은 아니라 할지라도 우리 나라에서는 각 여성의 개별적 삶의 조건과는 상관없이 모성 이데올로기만이 여성들의 사람됨과 여성됨, 도덕성을 판단하는 기준으로 여전히 작동하고 있다고 생각합니다. 모성이나 양육도 마치 커리어를 쌓는 것과 비슷하게 그려 내면서, 프로 엄마나 주부가 되기 위해 전문적 지식을 갖춰 집안 인테리어도 잘해야 하고, 아기를 위한 상품도 잘 골라야 하고, 세련되고 거기다가 섹시하고 부드러워야 한다고 강조하는 미디어의 재현은 한국의 많은 여성들의 삶의 조건에서는 쉽게 실현될 수 없는 일이지요. 그럼에도 불구하고 현재 여성에게 주어진 적당한 일자리가 없으니 많은 여성들이 "프로 엄마"가 되는 것에 에너지를 너무 많이 쏟고 있는 것 같습니다.

Q 한국 사회에서 남성은 정규직, 여성은 임시직이라는 노동 시장의 분리가 심화되는 현실에서 여성들이 노동의 개념을 어떻게 인식해야 하나요? 대안적 전망으로는 어떤 것이 있습니까?

A 경제의 세계화가 심화되면서 노동력의 유연화가 심화되는 것은 보편적인 현상인 것 같습니다. 그런데 남성들은 주로 기능적 유연화의

대상이지만 여성들은 수량적 유연화의 대상이 되고 있기 때문에 언제 해고될지 모르고, 또한 다른 보장책이 없기 때문에 삶의 불안이 심화될 수밖에 없습니다.

이런 상황에서 여성의 노동권을 확보하기 위해 개별 기업 또는 산업별로 끈질긴 운동을 해야 하는 것이 정답이긴 하지만, 모든 여성이 정규직을 얻을 수 있는 것은 아니고 이러한 흐름은 쉽게 돌이킬 수 없는 과정이라고 봅니다. 그러므로 여성이 국가의 한 시민으로서 확보할 수 있는 권리를 확장시키는 노력도 필요하다고 봅니다. 예를 들어, "시민 임금"이라는 개념을 통해 실업과 미취업 상태에서도 최소한의 생존할 권리를 얻어내는 것이지요. 즉 내가 어떤 기업의 노동자이기 때문에 임금을 받는 것이 아니라 세금을 내는 시민이기 때문에 최소한의 생존권을 보장받는다는 거죠. 생활 보호 대상과 같은 개념과는 달리 정부의 보조를 받는다기보다는, 노동할 자리만 있으면 일을 얻고 열심히 하지만 자리가 없거나 임시적 실업 상태에 있을 때는 노동할 기회를 얻을 때까지 국가가 임시적으로 고용한다고 생각하는 것이죠.

또 여성들이 스스로 무기력하다고 실망하기보다는 세상의 변화를 잘 예측하고, 기존에 우리가 갖고 있던 일, 시간, 돈, 노동에 대한 개념을 적극적으로 바꿔 나가도록 노력해야 될 것 같습니다. 요즘에 다중적 커리어(multiple careers)라고 해서, 직종의 변화와 잦은 이동으로 삶의 기복이 많은 것을 실패, 부적응, 능력 부족 등 부정적으로 이해하지 않고, 직종과 업종을 바꾸는 것도 동시 다발적으로, 또는 연차적으로 여러 커리어를 추구하는 것으로 이해하는 새로운 개념도 등장하고 있습니다. 심리적으로 위축되지 않으면서 살아가는 방법을 배우기 위해서는 우리가 하는 일을 긍정적으로 의미화하는 것도 중요하지요.

Q 페미니스트적 입장에서 현재 여성의 노동 조건에 대한 비판적 담론을 어떻게 확보할 수 있을까요?

A 페미니즘과 노동권 확보의 문제에는 근대적 이데올로기라는 공통점이 있습니다. 페미니즘이라는 각본은 근대적 기획이죠. 근대는 개인의 자아 성찰을 기반으로 한 진보 이데올로기예요, 행위 주체자로서 개인의 자율성을 요구하지요. 페미니즘이 목표로 삼는 것도 여성이 가부장제가 규정한 누구의 딸, 엄마, 아내라는 범주가 아니라 보편적 인권을 누릴 수 있는 개인으로 인식되는 것이잖아요.

여성 노동권의 개념도 여성 개인이 노동하는 주체로서 인정받는 것을 강조해야 하겠지요. 내가 남편과 똑같은 일을 해도 남편보다 적게 받고, 그리고 결국 내 남편을 통해서 생계가 이루어진다고 여긴다면 여성의 노동권은 늘 가부장적 논리나 국가와 민족주의 논리에 의해 쉽게 희생될 수 있다고 여기게 되지요. 여성이 남성을 통해, 또는 남성에 의존해서 사회적 자원에 근접한다는 설정 자체가 이미 개별적 노동 주체로서 여성이 누려야 할 권리와 의무를 포기한 거나 다름없다고 봅니다. 국가 이데올로기에 쉽게 호도되지 말고, 노동자 정체성과 여성적 인식을 함께 구성해 나가는 것이 중요하겠지요.

그런 의미에서 페미니스트의 개입은 여전히 근대적 계몽의 기획을 통한 집단적 운동으로 개인 여성들의 세력화를 꾀하고, 여성 노동에 대한 사회적 평가 체계와 노동의 개념 자체에 들어 있는 남성 중심성을 변화시켜낼 수 있는 다양한 문화 비평 작업을 하는 것이라고 봅니다. 실제로 성차별적인 기준이나 상징 질서를 전복시키는 일은 단순한 "비평적 글쓰기"를 통해 이루어질 수 있는 것은 아니고, "현실"은 이렇게 변화하고 있으며 중층적이라는 것을 보여줄 수 있는 다양하고 실질적인 사례들이 많이 나와야 하겠죠.

주

1. "초남성성"(hypermasculinity)은 아쉬스 난디(Ashis Nandy)의 The Intimate Enemy에서 나온
   용어이다. Ashis Nandy, 1983, The Intimate Enemy, Delhi : Oxford University Press.

참고문헌

송호근, 1991, 『한국의 노동 정치와 시장』, 나남.

양승조, 1991, 「70년대 민주 노조 운동의 평가와 교훈」, 전태일 기념 사업회(편),
   『한국 노동 운동 20년의 결산과 전망』, 세계.

울리히 벡 · 엘리자베트 벡-게른샤임, 1999, 『사랑은 지독한 혼란』, 강수영 · 권기돈 · 배은경 옮김, 새물결.

전 YH 노조, 1984, 『YH 노동 조합사』, 형성사.

정현백, 1991, 『노동 운동과 노동자 문화』, 한길사.

최장집, 1992, 「새로운 노동 운동의 방향 모색을 위하여」, 『사회 평론』, 6월호, 232-246쪽.

Han, Jongwoo and Ling, L. H. M., 1998, "Authoritarianism in the Hypermasculine State :
   Hybridity, Patriarchy, and Capitalism in Korea," International Studies Quarterly,
   42, pp.53-78.

Kim, Seung-kyung, 1997, "Productivity, Militancy, and Femininity : Gendered Images of
   South Korean Women Factory Workers," Asian Journal of Women's Studies, Vol.
   3 No. 3.

Nandy, Ashis, 1983, The Intimate Enemy, Delhi : Oxford University Press.

식민주의와 가부장제라는 미로

— 식민지 시기 한국 가족법의 부계 계승 제도에 관하여

양현아

식민지 가족법의 의미와 "전통" 문제

왜 식민지 시기 가족법인가? 그것이 한국의 여성주의에 어떤 의미를 갖는 것일까? 이 글에서 식민지 시기 가족법은 한국의 식민주의와 여성의 역사가 서로 맞닿아 있다는 것을 보여 주는 텍스트로서 자리매김되는데, 그 이유를 몇 가지로 짚어 가면서, 식민지성과 가부장제 간의 얽힘을 풀어내고자 하는 (긴 항해를 위한 작은) 항해를 시작하여 보기로 하자.

먼저, 식민지 시기 가족법은 한국 가족법의 "전통" 문제와 관련되어 있다. 한국 가족법 개정 운동의 역사에서 볼 때, "전통"과 "미풍 양속"은 가족법 개정 공방이 벌어질 때마다 변함 없이 내세워진 개정 반대의 명분이었다. 그럼에도 불구하고, 한국 가족법 혹은 가족 제도를 고유의 전통 혹은 미풍 양속에 따라 유지해야 한다고 주장하는 전통론자들은 이상하리만치 역사적 근거를 제시하지 못했다. "전통"이 중요하

가족법 개정을 반대하는 유림들의 시위.

다는 주장만 있을 뿐 어떤 가족 제도가 어떻게 전통이 되는지를 역사
적으로 따져 보는 논의는 거의 없었다는 것이다.

1890년대 일본의 법체계에서 제도화된 호주 제도를 놓고 3천 년 전
의 중국 주대(周代)부터의 전통이라고 주장한다거나, 전 주민이 성과
본을 가지게 된 것이 조선 시대에 와서인데도, 동성 동본 금혼 제도를
"단군 건국 초(檀君建國初)부터 불취동족(不娶同族)"의 도덕률이라든
가 "고조선 2,500년의 전통"이라는 주장을 듣게 된다(국회속기록,
1957 ; 동성 동본 위헌 소송 재판 자료(95헌가 6-13)). 이렇게 전통주의
자들은 "역사적" 전통성을 주장하지만, 전통의 역사적 형성에 대해서
는 너무나 허약하다.

또 하나, 우리의 가족 전통이 언급될 때, 그 실제 내용이 명시적으로

호주제 폐지 운동.

표현된 적은 별로 없다. 가족에 관한 전통 담론을 분석해 보면 그것은 대부분 제사, 부계 성본주의, 호주 제도와 같이 부계 계승 제도에 수반하는 혹은 그것을 실행하기 위한 각종 제도, 기제, 이념을 골자로 한다. 이런 전통 담론에서, 남녀라는 젠더 차원은 아예 발화될 공간을 가지고 있지 않다. 이렇게 내용과 효과에 대해 불분명한 발화야말로, "전통"을 젠더 정치로부터 무관한, 혹은 젠더 정치에 무감각한 지대로 만드는 "정치"라고 할 수 있다(Yang, 1998). 바로 이런 이유들에서, 한국의 가부장제의 구조적 변화를 위해서는, 이른바 "전통"으로 믿어지는 것들에 관한 탈역사성과 젠더 정치를 더 많이 노출시키고 파헤쳐야 할 필요가 있다.

이렇게 "전통" 문제는 여성주의적 분석이 역사적 분석과 교차되어야 하는 필요성을 역설적으로 웅변하여 준다. 하지만, 이것이 한국의 가부장제라는 광범한 문제 지형을 무반성적으로 전통 문제로 환원하는 것은 아니다. 이 글에서 문제시하는 "전통"이란 가부장제라는 명명백백한 남성 중심적 이해 관계의 시스템을 은폐하고 정당화하고 신비화하는 이데올로기 중 하나에 대한 비판이다.

그런데, 가족법 개정 운동 역사에서 볼 때, 전통 이데올로기에 대해서는 그 질서를 변화시키고자 하는 진보론자(남녀 평등론자)조차도 그렇게 공격적으로 비판하지 못했다는 점에서 전통 문제의 중요성이 더해진다(여성평우회, 1984). 당시의 진보론자들의 담론에서 보면, 전통이란 과거에 "실제로" 존재했던 것, 따라서 "과거"가 전통을 판정하는 기준이 되는 전통 이해에 있어서는 전통의 옹호론자들과 별다른 차이를 나타내지 않았다. 이렇게 전통의 원형태를 가정하는 전통주의를 이 글에서는 전통에 대한 "진정주의"로 부르고자 한다.

진보론자들의 이러한 태도는, 전통에 대한 투쟁을 별로 생산적인 것으로 여기지 않는 데서 왔다고 할 수 있지만, 거기에서 그치지 않는 것으로 생각한다. 전통 논의를 심각한 논쟁의 대상으로 여기지 않는 태도에는 전통을 후진적이고 비합리적인 것으로 규정하는 시선이 깔려 있고, 그러한 "토착" 전통에 대한 대안으로는 인간 존엄과 남녀 평등이 제시되었다. 이것은 계몽과 인본주의에 바탕한 근대화론의 시선과 크게 다르지 않다는 점에 주목할 여지가 있다.[1]

만약 오늘날 한국인 내지 한국 여성의 삶에 있어서, "합리성"의 잣대로는 잘 포착되지 않는 문화 텍스트가 건재하다면, 합리성의 확장으로 세계 역사를 이해하는 근대화론으로 어떻게 그 텍스트를 해독할 것인가? 이 글은 한국 사회에 "이유 있는 비합리적" 문화 지대가 유효할 뿐 아니라 광범위하다는 점에 주목한다. 이 글에서 살펴볼 식민지 가족법은 과거형일 뿐 아니라 현재형의 법문이다. 거기에는 전통에 대한 진정주의, 이것과 연관되는 문화 오리엔탈리즘, 그것들과 가부장주의와의 상생 관계가 아로새겨 있기에, 앞으로 더 많이 다루어져야 할 식민지 법학 혹은 식민지 문화학의 과제 중 하나라고 하겠다.

이 글에서 주로 초점을 맞출 것은 식민지 시기 조선의 가족법에 해당하였던 "조선의 관습"을 따른다는 원칙과 여기에서 일어난 부계 계승주의의 재구성이다. 식민지 가족법은 조선 시대의 가족 제도가 식민지 국가에 의해 도입된 법적 질서 속으로 전유되고 보편화되는 과정, 그러면서 조선의 "관습"이 고안되는 역설적 과정을 보여 준다. 따라서, 식민지 시기의 조선의 "관습"은 조선 시대의 관습과 식민지 당대의 관습을 연결짓는 시대적 번역 작업을 하였다고 할 수 있는데, 그것이 식민지 지배 권력에 의해 이루어졌다는 점에서 조선의 관습 지식이 심각한 문제 영역임을 알려 준다. 하지만, 그것이 왜 심각한 문제라는 것인가? 다시 말해, 식민지 지배 권력의 "시선"의 문제성에 대해 한국 사회는 어떠한 비판의 언어를 가지고 있는가? 이 문제와 관련하여, 일제가 "왜곡한" 한국 고유 전통을 회복해야 한다는 것 이외의 방향성과 언어를 한국 사회에서 발견하기 어렵다(이병수, 1977 ; 이상욱, 1988 ; 박병호, 1992).

이렇게 우세한 민족주의적 전통론에도 불구하고, 식민지 문법인 "조선의 관습"이 오늘날까지 전수되고 있다는 것은 한국의 전통과 조선의 관습 간의 참으로 희한한 만남이 아닐 수 없다. 식민지 시기 확립된 "조센의 관습"은 1945년 이후 탈식민 한국에서 가족법의 판례 및 법조 문의 해석에 있어서, 기본적 자료가 되어 왔다. 예컨대, 1985년 한국의 법제처에서 출판된 『친족 상속에 관한 구관습』에서 볼 때, 관습 자료의 원자료 18종류 중 16종이 1910년부터 1930년대에 걸쳐 작성된 자료라는 것을 별다른 언급 없이 밝히고 있다(법원 행정처, 1985). 다시 말해, "우리 관습"에 대한 오늘날의 지식 수준이 식민지 시기의 그것과 별반 다르지 않다는 현실에서, 이른바 우리 관습을 바라보는 한국 사회의 시선이 식민지 지식 권력과 시선에 맞닿아 있다는 것을 발견하게 된다. 식민지 오리엔탈리즘은 "동방"의 사람들의 사회와 문화를 제국주의자 백인의 시선에 비추어 보게끔 하였다고 한다면, 문화적 유사성에 입각한 일본의 오리엔탈리즘은 어떤 속성으로 "이웃" 동아시아인의 자기 가면을 만들어 온 것일까?

여성사의 스펙트럼에서 보았을 때 이상에서 말한 내용은, 식민지 시기에 일어난 부계 계승주의의 재구성과 동결이 "관습"이라는 고유 문화의 이름으로 일어났다는 것으로 읽을 수 있다. 그것은 한국의 가족법 개정 역사에서 나타났던 "전통" 담론의 탈역사성, 몰젠더성과 흥미롭게 닮아 있다.

물론 가족법에서 일어난 변화가 부계 계승주의에만 있는 것은 아니다. 여성은 식민지 시기 동안 법적 이혼 청구가 가능해졌고, 남편(이외 후견인)의 동의하에서나마 영업을 할 수 있는 "법적 주체"가 되었다

(배경숙, 1988 ; 박병호, 1992). 이 외에도 자본주의 소유 제도의 정착과 함께, 여성이 법적으로 하나의 개별 주체로 변모한 측면이 없지 않다. 이 글은 이러한 경향에 대한 무시가 아니라, 그러한 경향이 식민주의와 남성 중심주의라는 지배 관심의 맥락과 별도로 일어난 경향이 아니라는 것을 지적한다는 의미도 있다. 하지만, 이러한 이질적 현상간의 동적인 "연관성"에 대한 밀도 있는 분석은 이 글의 범위를 넘어선다. 이 글은 우선 식민지 조선의 여성들은 식민지 오리엔탈리즘적 "관습" 담론 아래에서, "근대적인" 법적 주체로 탄생하였다는 역설이 충분히 다루어지지 않았다는 생각에 입각하여 있다.[2]

  이상과 같이, 식민지 시기의 가족법은 현재 속에 살아 있는 과거를 담고 있는, 식민지 역사와 현재의 문화 상황을 읽어낼 수 있는 문화적 텍스트가 된다. 그리고 그 문화 상황 속에서 교류한 젠더 질서의 재구성에 관한 여성사적 텍스트이며, 아직도 개척되지 않았다는 면에서 신선한 텍스트이다. 이러한 조사는 현재의 한국의 유교적 전통, 특히 가족 전통을 식민주의 유산으로 환원하려는 것이 아니다. 하나의 이데올로기로 자리잡은 한국의 가족 전통에서 어두운 부분으로 남아 있는 식민지성에 대해 "계보학적"(genealogical)으로 접근하는 시도이다. 여기서 계보학적이란, 과거로부터 출발하는 인과 사슬의 모델이 아니라, 오히려 현재로부터 거슬러 올라가는, 무수한 원인과 동시 다발적 결과들 간의 접속과 결별에 대한 탐색이라는 점에서, 그 탐색은 결정적일 수 없고 부분적이다. 그럼에도 불구하고, 이러한 접근은 지식의 역동적인 구성과 시공간의 중첩 속에 존재하는 "오래된" 현재를 그려냄으로써, 현재에 대한 영감을 제공할 수 있다고 믿어진다.

"관습"이라는 식민지 조선의 가족법의 원칙

조선의 식민지 시기에 가족 및 친족을 둘러싼 쟁점들에 대한 판단 기준은 "관습"이라는 원칙에 있었다. 조선 총독의 제령으로 1912년 3월에 선포되고 4월부터 시행된 조선 민사령은 식민지 조선에서 민법에 해당하는 법규로서 식민지 통치 기간 내내 유효하였다. 조선 민사령에 따라, 한편으로는 일본 민법전의 일부가 필요에 따라 차용할 수 있도록 되었으며(제1조), 다른 한편으로는 식민지적 특수성을 인정하여 지배의 편의를 도모하도록 하였다.

가족법에 직접적으로 관련되는 부분은 제11조인데, 이 조항에 의하면, "조선인의 친족 및 상속에 관하여는 특별한 규정이 있는 것을 제한 이외에는 제1조의 법률에 의하지 않고 관습에 의한다"고 규정하고 있다. 이때의 친족 및 상속은 일본 구민법전에서 가족법에 해당하는 부분의 지칭으로서 오늘날까지 한국에서 가족법의 영역을 이름짓고 있다. 이와 동시에 제1조에 규정된 바를 근거로 하여 "식민지 조선에 해당 법규가 없다"는 것을 이유로 식민지 기간 내내 필요할 때마다 일본의 가족법이 도입되기도 하였다.

그렇다면, 식민지 조선의 관습이란 어떻게 판단되었을까? 조선의 관습의 주요 원천은 일제의 시각과 필요에 의해 행해진 조사에서 찾아진다. 이미 1908년 일제는 조선에서 발생하는 민사 사건의 규율을 위하여 관습 조사에 착수하였으며 이는 1912년과 1913년의 관습 조사 보고서의 출판을 가능하게 하였다. 이후에도 일제는 다양한 관련 기관과 조사 위원회를 통해서 식민지 기간 내내 조선의 관습을 조사하고 판단하였다. 위의 관습 조사 보고서 이외에 관습의 법원으로는, 법무 국장, 정무 총감, 중추원 의장 등 고위 관료의 답변, 법원장의 회답, 사법 협회, 판례 조사회, 조선 호적 협회, 구관습 제도 조사 위원회의 결의 및 회답, 당시 조선의 경성 고등 법원의 판결 등이 있었다.

이렇게 "조선의 관습"을 조사, 정리, 판단한 과정에서, 식민지 당대의 "조센" 사회에서 실행되고 있던 가족 관습뿐 아니라, 조선 왕조 500년 간의 각종 법전 및 양반 가문의 족보 등이 조사되고 해석되었다.[3] 따라서, 관습 원칙은 실제로는 일본의 관리와 학자들에 의해 이해되고 기록된 문서에 의존하게 하는 구조를 가지고 있었다. 더욱이, 자주 문제가 되었던 관습 영역은 조선 시대 가족 제도의 근간이라고 할 수 있는, 제사 혹은 동족 조직에 관한 것이라는 점에서, 식민지 관료와 법학자들의 조선 문화에 대한 심층적 개입과 영향력을 엿볼 수 있다.[4] 뿐만 아니라 관습에 관한 의문이 제기될 때마다 관습은 새롭게 결정될 수 있었기에, 관습의 법원은 이곳저곳에 산재하였으며 또다시 결정될 수 있는 구조를 가지고 있었다.

이러한 관습 원칙에도 불구하고 일제는 "해당 분야에 적절한 관습이 없다"는 것을 이유로 하여 점차로 메이지 시기(1868-1912)에 정립된 일본의 민법전의 개별 조항들을 조선에 이식하였다. 조선 민사령 11조의 제1차 개정(1921)에 의해 일본 구민법의 친권, 후견인, 친족회에 관한 일부 조항의 차용이 가능하게 되었고 제2차(1922) 개정에 의하여 혼인 연령, 재판 이혼, 인지, 친족회, 재산 상속 등에 관한 조항이 조선에 적용되게 되었고 다시 제3차 개정이 1939년에 행해졌다. 제3차 개정에서는 「서양자 변경과 취소에 관한 법령」이 포함되어 있었으며 같은 날 「씨성명 변경에 관한 제령」이 발표되었다. 창씨 개명(創氏改名)으로 알려진, 이 조치는 일본와 조선이 한 몸이라는 이른바 내선 일체(內鮮一體) 정책이 최고조에 달했을 시기에 이루어진 법적 조치였다.

그런데, 여기시 필요힐 때마다 일본 민법전이 도입되었고, 그 도입의 형식도 적용이 아니라 차용이었다는 것을 짚고 넘어갈 필요가 있다. 즉 일본의 구민법이 체계적으로 식민지 조선에 적용된 것이 아니라 조문별로 "빌려" 쓰는 형식을 취했다. 이는 식민지 조선의 가족법이 정책적 편의에 따라 그때그때 필요한 조문을 도입하는 수준에서 만들어진 것이었음을 의미한다. 이렇게 조문별로 이식된 일본 민법 조항에다 당시 가족법의 대원칙으로 여겨졌던 불문법적인 "관습" 원칙을 교차시키면, 식민지 조선의 가족법규는 그야말로 비체계적인 규칙들의 부정형의 집합에 머물렀다는 점을 발견할 수 있다.

이렇듯 일본의 법규들이 조선에 제도화되면서, 당시의 조선 "관습"에 영향을 주게 되고, 그러한 상호 작용의 결과가 다시 "조선의 관습"으로 불렸다는 점이 관습 문제의 복잡함을 지적한다. 이러한 현상이 이 글의 관심사이기도 하다.

이러한 "관습"의 성격에 따라 조선의 관습이 의미하는 시간성(temporality)의 문제가 따르게 된다. 당시의 관습 개념의 활용을 보면, 관습이란 조선 시대의 법규에서 찾아지기도 하고, 식민지 조선에서 실행되는 것뿐만 아니라 식민지 조선의 고등 법원에서 내린 판결 등을 의미하기도 한다(정광현, 1955 : 45). 식민지 시기의 재판 기록에서 보면, 이렇게 여러 시간대에 걸쳐 있는 "관습들"이 무차별적으로 "조센의 관습"으로 일컬어지는 현상을 발견할 수 있다.

이렇게 관습에 있어서 시간 개념이 혼란스럽고 흐릿해지는 현상은 이른바 "조센"이라는 시공간의 성격을 나타낸다. 이때의 "조센"이란 과거의 조선 왕조는 아니지만 그것과 연관될 수밖에 없는, 또한 현재의 일본과의 차별성은 있지만 그것과 분리되는 정체성을 가질 수는 없었던, 불분명한 시공간적 정체성을 재현한다고 할 수 있다.[5]

또한 식민지 관습 관련 담론에서 "과거"나 "옛날"이라는 모호한 표현이 자주 등장하며, 주어가 분명하지 않은 문장이 많다. 이러한 표현은 시간 의식과 공간 의식을 지우고 흐릿하게 만드는 방식으로 식민지 조선인의 주체성을 구성하였다고 할 수 있다. 이러한 식민지 문법은, 기존의 식민지 수탈론과는 차원이 다른, 기억 상실증과 정체성의 혼미라는 문화 지배 현상을 시사한다.

일본의 이에 제도와 가족 국가의 고안

조선의 관습 원칙이 가지는 복잡성과 자의성이라는 맥락 속에서, 가족법의 부속법이라고 할 수 있는 호적법 및 호적 제도가 분명하게 정비되어 갔던 것은 주목할 만하다.

1896년 갑오경장 이후의 사회 개혁의 일환으로 공포된 호구 조사 세칙에 의해 호적 제도는 봉건적 신분 관계의 확인에서 벗어나, 오로지 국가의 조사라는 목적 위에서 호적이 작성되었고, 동일 생활권 내에 있는 현실의 호구가 조사되는 일종의 인구 조사 방식(census)을 따랐다. 이후 1909년 대한제국 융희황제 시기에 호구 조사 규칙의 폐단을 정비한 민적법이 제정되었고, 이때의 호적 역시 실제 거주 단위를 중심으로 가족을 기록하였다. 이렇게, 당시의 호적 및 호주의 성격은 식민지 시기 이후의 것들과 다른 것이었다(정광현, 1967 : 127-8 ; 장영아, 1996 : 64 ; 이승일, 2000).[6]

하지만, 1915년에 있었던 민적법 개정에 의해, 본래의 인구 조사 방식이 폐지되고 "추상적인" 가(家, 이에) 개념이 이식되었고, 실제 거주지나 조상 전래의 주거지와는 무관하게 호주의 자유 의사로 설정하는 "본적"(本籍) 개념이 도입되었다. 이때의 추상적인 가란 사실적 거주 상태와 상관없이 호주를 중심으로 조직된 호적 문서에 기록된 가족을 의미한다(정광현, 1967 : 129-131, 139 ; 장영아, 1996). 이러한 가의 추상화는 한편으로 "호주"라는 지위의 성격을 규정하기도 했다. 호적이라는 문서상의 기록이 사실적 거주 단위를 우선한다고 할 때 호적을 구성하기 위해 반드시 있어야 하는 호주는 호적 구성의 중심이 되며 일종의 공적 지위가 된다. 이 점은 다분히 사적이고 사실적인 의미의 "가장"이라는 지위와 호주 사이의 의미 차이의 출발점이 된다.

이후 1922년 발효된 조선 호적령은 기존의 민적법을 대체하였으며 기존의 호적 제도를 한층 효율적인 것으로 만들었다.[7] 이에 따라 결혼, 출생, 사망, 양자, 파양, 분가/부흥가(復興家) 등 모든 가족 사항의 변동을 기존의 사실주의에서 등록주의 원칙을 채택하는 대변혁을 가져왔다. 다시 말해, 가족에서 일어난 이러한 모든 변동을 호적 관계 사무소에 보고하고 호적에 등록함으로써만이 "법적"으로 그 사실을 인정받게 되었다는 것이다. 이러한 변화는 식민지 국가가 전 주민의 일상사에, 사생활의 변화에 대해 개입하게 되었으며 기록의 권위를 갖게 되었다는 것을 의미한다. 말할 나위도 없이 이것은 주민에 대한 파악, 감시, 정보 독점을 통한 국가의 지배력의 증진으로 이해될 수 있다.[8]

등록주의 원칙의 도입과 함께 이루어진 호적 제도의 강화는 말할 나위도 없이 식민지 조선에서 전 주민에 대한 통제력의 증진과 직결되어 있었다. 식민지 국가는 호적이라는 문서를 통해 전 주민과 그들 가족 내의 중요 사항 모두를 파악하게 되었고 호적은 이런 정보를 빠짐없이 담아 내는 통합된 공식 기록이 되었다. 또한 가족 사항을 해당 관청에 등록하고 기록하게 하는 제도는 국가가 승인하는 가족 관계만을 허용한다는 점에서 가족과 주민에 대한 직접적 통제의 의미를 가진다. 뿐만 아니라, 같은 호적 안에서 반영구적으로 묶인 가족원들간에도 서로 영향을 주게 되어, "정상적" 사회 생활을 하도록 하는 통제 효과를 가지게 된다. 한편, 식민지 조선에서 호적 제도는 그가 누구인지를 밝히는 유일한 문서이며 제도라고 할 수 있었기에, 식민지 조선인의 사회적 정체성은 가족적인 정체성만을 준거로 하여 형성되었다고 할 정도로 의미가 있다.

그런데, 이상에서 논의한 호적 제도의 의미를 이해하기 위해서는 일본의 메이지 시기에 고안된 이에(가) 제도의 성격을 살펴볼 필요가 있다. 호적 제도가 문서적, 형식적 측면이라면 그 내용과 원리를 제공하고 있는 제도가 메이지 시기에 고안된 가 제도, 즉 이에 제도이기 때문이다. 그리고 이렇게 메이지 국가에 의해 고안된 일본식의 "근대" 가족 제도가 식민지 조선의 가족을 선도하는 틀이 되었다. 이에 제도는 일본의 봉건 시대의 산물이 아니라, 메이지 시대의 사무라이 가족을 모형으로 하여 고안된 산물이라는 반격이 설득력이 있는 것 같다 (Watanabe, 1963 ; Pelzel, 1970 ; Smith, 1996).

메이지 시기 일본의 구민법을 입안하였던 유교적 엘리트들은 먼저 가족 상황에 대한 전국적인 조사를 하였는데, 이때에 90%의 평민들이 결혼 형태, 친족 계산, 가족 구성에 있어서 자신들이 이해하는 유교적 법칙에 따르지 않는 "비정상성"을 보고 충격을 받았다고 한다. 실제로 1898년에 제정된 일본의 친족 상속편(가족법)은 당시의 일본 민중이 아니라 엘리트의 "유교" 개념에 입각한 법전이었다. 이에 따라 일본의 가족법은 구민법의 다른 영역이 프랑스, 독일, 스위스, 오스트리아, 네덜란드 등 서구 유럽의 법률을 따른 것과는 달리 가장 서구 영향을 덜 받은 "일본적" 법전이라고 평가된다(Munroe, 1907).

근대성을 지향했던 메이지 체제하에서 이러한 일본의 "전통적" 가족 제도의 고안은 당시에 강조된 유교주의에 기반하고 있다. 신유교주의는 일본의 천황제 및 제국의 건설을 위한 이념적 기반이었는데, 이때의 유교주의에는 토속적인 신도와 불교적 요소가 모두 결합된 것이었다(Smith, 1959 ; Minear, 1970). 메이지 제국주의 국가는 그 자체가 천황을 시조로 하는 가족 모형을 가진 "가족 국가"였으므로, 이에의 고안은 정치적 필수 사안이라고 할 수 있다. 이와 같이 메이지 체제하의 이에 제도의 성격은 바로 메이지 국가의 그것과 한 쌍을 이룬다고 할 수 있다. 이러한 사회 구성에서 호주는 천황과 백성을 이어주는 연결점에 해당한다. 즉, 호주는 가족에서 일어나는 문제의 책임자이면서 동시에 가족을 대표하는 남성 성인으로서 국가와 교류할 수 있는 일종의 시민의 지위를 갖는다.

이에 제도는 핵가족 제도의 외양에다 직계 가족 제도의 원리를 기묘하게 통합한 것이라고 할 수 있다. 외형상의 개별 소가족은, 지역 공동체의 통제로부터 어느 정도 자유로운 소규모 경제 단위라는 의미에서 서구 유럽의 "근대적" 핵가족의 모형을 염두에 두고 고안되었다. 또한 이에 제도하에서 일본의 전 국민이 호주에 의해 편재된 가족으로 조직되었으며 개개 가족은 별개의 가족 이름(씨)으로서 등록되었다. 이 과정은 이전에는 씨를 가지지 못하던 대다수 평민이 씨를 갖게 되는 과정을 의미하고 전 주민이 국가가 승인하는 문서에 기재되는 일종의 "시민적" 보편화와 지위 상승과 같은 효과를 지니기도 하였다. 다른 한편, 이들 소가족은 계승 제도를 통해 끊임없이 재생산되며 개별 이에의 계통들은 천황이라는 혈통적으로 가장 근본적인 본류의 가계에 수직적으로 통합된다. 부계 계통주의의 원리 없이는 일본의 전 주민의 본가에 해당하는 천황가의 위치 자체가 가능하지 않을 것이다. 이렇게 이에 제도는 "핵가족 속에서 작동하는 직계 가족 제도"라고 요약될 수 있는데, 여기에서 우리는 일본의 역사적 상황에서 고안된 근대적 전통, 혹은 전통적 근대를 발견할 수 있다.

그런데, 이에 제도의 고안 과정이 그렇게 필연적이고 확고 부동한 것은 아니었다. 이에 제도를 체계화한 일본의 구민법 중 친족 상속편은 1870년부터 1900년 사이 오랜 시간에 걸친 일본의 전통과 서양의 "근대" 간의 논쟁과 타협의 산물이라고 할 수 있다(Smith, 1907 ; Watanabe, 1963).

하지만 일본의 친족 상속편이 식민지 조선에 제시될 때 그것은 진보적이고 움직일 수 없는 "법"으로 화했다. 예컨대, 1939년 조선 민사령 제3차 개정에서 일본식의 씨 제도를 조선에 강행하는 것을 식민지 지배가 아니라 자본주의 사회에 발맞추는 "근대적" 요구로 정당화되기도 하였다(정광현, 1967 : 62-63).

사실상 일본식의 씨제도는 1915년에 이미 민적법 개정을 통해 도입된 일본의 추상적 가 제도와 통합된 것이어서, 식민지 조선에서 일본식 가족 제도의 완결을 이루기 위해서는 필수적인 제도였다. 하지만 일본식 씨를 조선에서 이식한다는 것은 조선의 가족 "관습"의 시각에서 볼 때 도저히 있을 수 없는 일이었다. 조선에서의 창씨 개명은 모든 조선의 주민들이 제도적으로뿐만 아니라 혈통적으로 일본 천황의 후손으로 편입된다는 의미를 가지기도 한다. 이렇게, 식민지 시기 이식된 가족 제도는 일본 제국주의 국가와 조직적, 이념적으로 긴밀히 연결되어 있었다. 다시 말해, 식민지 시기 조선의 가족 제도는 일본과 조선은 하나의 몸이라는, 소위 내선 일체를 구현시키기 위한 행정적, 이념적 정치학의 바로 그 지점이었다.

일본의 이에 논리와 조선의 가계 계승 논리의 병합

그렇다면, 일본의 가족 제도가 조선에 도입될 때 조선의 가족들에서는 무슨 일이 일어났을까? 한편으로는 조선의 "관습적" 가족 제도가 일제에 의해 확립되었고 다른 한편으로는 일본의 가족 제도가 유입되었던, 식민지 조선에서 가족을 운영하는 원칙들은 상당한 변화와 혼란을 겪게 되었던 것으로 보인다. 여기에서는 이에 제도의 핵심인 호주의 지위를 조선의 가계 계승자의 개념에 일제가 대입함으로써 일어났던 두 제도간의 상호 작용에 초점을 두어 논의하기로 하겠다. 이 측면은 식민지 시기를 거친 부계 계승 제도의 성격을 규명하는 데 중요하며, 조선의 가족 제도가 식민지 시기를 통하여 "유교"와 "관습"의 이름으로 일본의 그것과 착종되는 과정의 한 단면을 보여 준다.

일제 시기 관습법의 원천이었던 각종 문서에서 보면 일제는 조선의 가족 제도에 존재하였던 종자(宗子), 종손(宗孫), 승중(承重)이라는 지위를 호주라는 지위의 관점과 비교하면서 해석하는 경향을 발견할 수 있다. 하지만, 조선의 종자, 종손, 승중이란 하나의 친척 집단에서 제사를 모시는 데 가장 중심이 되었던 인물을 뜻하며 제사 봉사를 함으로써 한 가문의 계통을 ("대"를) 잇는 지위를 의미한다. 반면, 호주는 이미 시행되고 있던 민적법 및 조선 호적령에 의해 규정된 호적상의 "추상적인 가"의 대표자이다. 그렇다면 흔히 현재까지 이어지는 호주와 조선 시대 가족의 대표자를 동일시하는 어법은 과연 옳은 것일까? 바로 이러한 동일시가 호주 제도를 한국의 전통으로 주장하게 하는 근거가 아닐까? 여기에서는 이 두 지위간에 일어난 착종에 주목하면서, 이

착종을 말하기 위하여 두 지위간의 구별짓기를 하고자 한다.

먼저, 조선의 가족 대표(종자, 종손, 승중)가 갖는 권위의 원천은 조상 집단에 있었던 반면 호주는 국가가 승인하는 서류상의 지위라는 점에서 국가가 인정하는 가부장권이며 궁극적으로 국가로부터 부여받은 지위라는 점에서 성격의 차이가 있다.

둘째, 이와 연결선상에서 종자, 종손, 승중이 가지는 권위의 흐름은 조상으로부터 "하향하며" 이 가족 대표는 조상들의 후손으로서 친척 집단을 대표하게 된다. 반면, 호주는 호적상의 지위를 기반으로 하여 "우두머리"로서 동시대의 가족을 대표하게 된다.

셋째, 종자, 종손, 승중의 역할은 무엇보다도 조상의 봉사에 있었다면, 호주 지위의 핵심적 역할은 제사가 아니라 경제적 의미, 즉 가족 재산의 집중과 효율적 운용에 있는 것처럼 보인다.

넷째, 이들의 중심적 역할과 관련하여, 전자에서는 조상의 피를 계승하고 있는 자라는 점이 그 선정에서 핵심이라면 후자의 지위는 혈통과 어느 정도 무관할 수도 있다. 이 점은 대단히 중요한 차이라고 할 수 있다.[9] 한 가문의 대를 이을 종손의 자격은 개인적인 요건과 거의 관계가 없다고 할 수 있다. 종손이란 종가(宗家)에서 본처에 의해 태어난 남자일 것, 형제 순위상 가장 먼저일 것, 적장자가 없을 경우에는 촌수 및 세대를 고려하여 양자를 선정할 것과 같이 일정한 원리에 의해 결정되는 지위였고 그만큼 가족 제도가 가진 규칙성이 개별적 상황을 훨씬 우선하였다고 할 수 있다. 한편 호주 역시 일정한 요건에 따라 계승 순위가 정해지지만 서양자 제도 및 후술할 폐제 제도(廢除制度)와 같이 운용될 경우, 법적으로 호주로 지정된 자가 호주에 적합한지 여부를 개별 가족에서 고려할 여지가 상당히 있었다.

마지막으로, 규모 면에서 두 가족은 대단히 다르다. 위에서 말한 엄격한 기준에 의해 선정되어야 할 종손, 종자 혹은 승중이라는 지위는 5대 위의 조상인 고조부모로부터 뻗어 나온 문중이라는 동족 집단의 대표자라고 할 수 있다. 따라서 형제간에도 분가가 허용되었던, 호주로 편재되는 가족보다 훨씬 그 규모가 크며 봉사자의 필요성도 다섯 세대의 지도에서 본 종가의 계승 문제로 압축될 수 있었다. 그리고 이러한 규모는 앞에서 지적한 조상 봉사, 가계 계승 원리의 법칙성, 과거 지향성 등의 특징과 모두 유기적으로 엇물려 있다.

이상과 같은 차이들은 조선과 일본의 양 가족 제도가 상이한 가족 원리를 가지고 있었다는 궁극적인 측면으로 수렴된다. 무엇보다 이렇게 상이한 두 지위가 일제 시기 동안의 가족 "비교"를 통하여, 호주권의 관점에서 재단되었다는 것은 대단히 중요하다. 이것은 전자의 지위가 기반하고 있는 제사 또는 가계 계통의 의미가 일본의 이에 제도의 관점에서 재의미화되었다는 것을 뜻한다. 일본에서 법적으로 인정되었던 폐제 제도가 식민지 조선에서 금지되었던 것에서 당시의 문법을 엿볼 수 있다. 폐제란 장자, 차자 등의 순위에 따라 내정된 법적 호주 계승자에 대해서, 무능력, 불손함 등 부적합성을 이유로 하여 현재 호주가 그 계승자를 호주 계승에서 제외시킬 수 있는 제도이다(일본 구민법 제970조). 이 제도는 현재 호주에게 다음 호주에 대한 일정한 한정권을 줌으로써 현재 호주의 권위를 한층 강화시킨 것이기도 하지만 동시에 호주를 선정하는 데 융통성을 발휘할 수 있게 한다. 일본의 가족 제도에서 인정되었던 이러한 폐제가 조선에서는 인정되지 않았던 것은 "조선에서는 법정 호주 계승자가 아무리 무능하고 불손하다 해도 계승에서 제외시키는 관습이 존재하지 않는다"는 이유에서였다. 이러한 현상은 어떻게 보면 사소한 것 같지만 여러 의미를 지니고 있다.

먼저 위의 담론에서 따지는 "조선의 관습"이란 위에서 살펴본 가문의 계통을 잇는 장자, 장손 혹은 승중에 관한 관습을 뜻한다는 것에 유의해야 한다. 이것은 기본적으로는 조선의 "관습" 원리에 따라 가족 사항이 결정되었다는 것을 나타낸다 하겠다. 하지만, 한걸음 더 나아가서 위의 담론을 살펴보면, 조선 시대의 부계 계승 원리 속에서 일본의 호주 제도가 사고되고 있다는 것을 발견할 수 있다. 이러한 담론에서 "조선의 관습"이란 특정의 사회적 공간과 시대를 넘어선 무엇으로 화석화되면서, 동시에 그것을 일본의 이에 제도의 관점에서 바라보는 시각이 존재한다. 이미 1914년 11월 정무총감(세이무소칸)의 회답에는 "한국의 관습에는 장남이 암우(暗愚)하여 가를 승계함이 부적합하다고 할지라도 피상속인의 의사에 의하여 이를 상속인에서 폐제하고 차남 또는 삼남에게 상속케 할 수 없다"고 말하고 있다. 또 1915년 민적 사무 취급에 관한 관통첩(官通牒)에서 "실자(實子, 양자 아닌 생물학적 자녀, 저자 주)인 상속인 폐제의 신고는 이를 수리할 수 없다"고 확정 짓고 있다. 이후 식민지 고위 관리들의 회답에서 같은 견해가 거듭 확인되었다(정광현, 1967 : 251-252).

이로써 조선에서는 적장자 및 이외 법률이 정하는 추정 호주 승계인 순위의 사람이 아닌 다른 방식의 호주 승계는 호적 사무에서 접수되지 않게 되었으며 폐제라는 쟁점 자체가 등장하지 않은 것으로 되어 있다. 이것은 조선에서 예외적 호주 계승을 인정하지 않음으로써 호주 계승의 견고성과 법칙성이 일본에서보다 한층 뚜렷한 것으로 되어 왔다는 것을 의미하기도 하다. 다시 말해, 일제가 나름대로 조선의 관습을 확정한 결과, 식민지 조선에서 호주 계승의 금지, 포기, 선택이 모두 불가능했으며 이로써 조선에서 호주 제도가 일본에서보다 한층 철저하고 예외가 존재하지 않는 것으로 운영되었던 것으로 보인다.

이상과 같은 "조선의 관습" 어법에서 한편으로 호주 계승자(혹은 가의 승계)는 언제나 있어 왔던(조선에서도 동일하게 있어 왔던) 보편적인 것으로 의미화된다. 왜냐하면, 조선의 관습에서는, 법정 호주 계승자를 "폐제하는" 관습이 없는 것이 아니라, "법정 호주 계승자"와 같은 관습이 없다고 해야 하는 것이 옳기 때문이다. 따라서, 호주 계승자의 지정 문제는 조선의 부계 계승주의 관습을 좇을 것이 아니라, 하고자 한다면, 조선에서 새로 만들어져야 하는 "관습"이다. 하지만, 이러한 담론에서 조선의 일본과의 "차이"는 희석되고, 그 결과 식민지 조선에서는 자신의 "관습"의 이름으로 "일본적이고도 조선적인" 엄격한 부계 계승 제도가 제도화되었다. 결국, 조선의 문화적 저항을 최소화하면서, 조선에 호주 제도를 이식하는 것이 정치적 관심의 골자였던 셈이다.

위에서 지적한 바와 같이, 종자 혹은 승중이라는 가계 계승자의 필요는 주로 조선 시대 후기에 확립된 부계 계승주의적 동족 체제에서의 종가의 계승 문제로서, 현재 한국에서 실행되는 호주로 편재되는 가족보다 규모가 훨씬 크다. 더구나 이러한 가계 계승은 대개 조상 봉사의 물질적 문화적 자원을 가진 양반 계층의 관심사였다. 주지하다시피 조선 시대의 가부장적 가족 제도의 원리들은 당시의 사회적 맥락, 그 정치적 이해, 물적 토대, 신분 구조, 통치 이념과 세계관 등에서 구성된 것이었으며 그것은 조선 시대의 맥락 속에서만 온전하게 의미를 가질 수 있다(Yang, 1998 : 67-108). 하지만 식민지 "관습" 관련 기구들은 조선 왕조 사회가 조직되었던 가문, 지역, 계층에 따른 차별성(공간적 차이)과 함께, 조선 시대 내부의 시대적 변화(시간적 차이) 등을 대거 사상시킨 채, 조선 왕조 시기의 법전을 그때그때 편의적으로 조사 확정하였다. 그리고 조선 시대 가족 "전통"에 대한 탈맥락적 어법은 오늘날까지 한국 사회의 법적, 지적, 그리고 상식적인 여러 수준의 담론에서 어렵지 않게 발견된다.

일본에서 호주를 중심으로 하는 이에 제도는 제2차 세계 대전 패전 이후 개정된 신민법에서 폐지되었다. 하지만 한국에서 호주 제도는 부계 계승 제도를 유지하기 위한 제도적 장치로 현재까지 존재하고 있으며 동시에 부계 계승 제도는 호주 제도의 관점에서 더욱 철저한 것으로 되었다.[10]

일제 시기를 거친 한국의 가족 제도에서 아들의 필요성은 이제 전 국민의, 모든 소규모 가족의 법적 필요로 변모하게 된다. 이 결과, 현대 한국에서 하나의 호적을 구성하고 있는 모든 소규모 가족이 마치 계승되어야 할 하나의 계통을 가진 것처럼 되어 버리고, 아들은 모든 소가족의 필요가 되었다. 즉 현대 사회를 살아가는 모든 가정이 "대"를 이어야 한다는 당위를 짊어지게 된 것이며 이것이 "근대법"과 동시의 한국의 전통의 요구가 되어 버렸다. 이렇게 식민지 경험을 거치면서 한국에 뿌리를 내리게 된 가족 제도는 일본의 "근대적" 사회 변화의 산물인 이에 제도와도 일치하지 않으며 조선 시대의 가부장 제도와도 상이한 제3의 가부장 제도의 재구성으로 이해해야 한다. 그것은 일본식의 이에 제도의 일부를 떼어다 그 안에서 규모가 훨씬 큰 조선의 가족, 특히 문중이라는 동족 단위를 사고하는 제도라고 표현할 수 있다. 규모의 문제와 함께 상이한 시공간에서 형성된 가족 제도를 일본식의 제도 속에다 배치했다는 것은 현대 한국 가족 제도의 시대 착오성을 말한다.

외형상 핵가족처럼 보이는 모든 소규모 가족에서, 전 인구에 걸쳐서, 적어도 한 아들이 필요하다는 이 충족 불가능한 원칙이 그 동안 한국 사회에서 과연 어떻게 실현될 수 있었을까? 이러한 무리(無理)가 주로 여성들에게 부가되어 왔다고 할 때, 그 동안 한국 여성들이 겪어온 남아 출산의 수모와 욕망에는 식민지성과 가부장제가 서로 얽혀 있는 역사적 궤적이 고스란히 담겨 있다고 할 수 있다. 여기서 아들에의 요구란 단지 그것에 그치지 않고 지난 한 세기 한국 여성들이 누구였는지 그 주체성을 추적할 수 있는 "하나의" 단서가 되고, 그들이 걸어온 삶의 내용과 역사야말로 식민주의와 가부장제를 독해할 수 있는 역사 교과서로 역전된다.

결론에
대신하여

그 동안 한국 사회에서 부계 계승주의에 대해서 역사적 경로와 그 사회적 함의에 대해 분명하게 언급된 적은 별로 없다. 그것은 오히려 한국의 유교적 전통, 한국의 관습, 전통이라는 기표들에 싸여 몰역사화되어 왔다. 이 글은 이러한 몰역사화되고 몰성화된 부계 계승주의의 문법이 식민지 시대에 그대로 발견된다는 것을 밝히고자 하였다. 식민지 통치는 "조선의 관습"에 따른다는 원칙에 의거함으로써, 조선의 "관습"에 심층적으로 개입하고 조선의 문화를 규정하는 지식 권력의 성격을 가졌다. 조선의 "관습" 문법을 통해, 조선 왕조라는 500년에 걸친 장구한 역사와 문화(우리는 지금 식민지 시기 36년 간의 변화를 논하고 있다!)를 나름대로 규정하고 정립하였다. 이 글에서는 부계 계승주의의 재구성 문제를 다루었지만, 식민지 시기 조선의 관습이란 앞으로 더 많이 조명되어야 할 영역이다.

　문제는 조선 시대에 관한 식민지적 재구성에 그치지 않는다. 앞에서 논의된 바와 같이 식민지 시기 동안 일본의 구민법상의 가족 제도와 관습이 "조센의 관습"이라는 이름으로 뒤섞이게 되었다. 따라서, 이들 일본적인 요소들과 이미 그 의미 맥락을 상실한 채 동결된 조선 시대의 관습을 서로 교차시켜 보면 당시의 "관습법"이 얼마나 복잡하고 혼란스러운 것인지를 알 수 있다. 일제 시기의 "조센의 관습"에 대한 지도를 그리는 것이 가능하다면 그것은 미로의 얽힘과 같은 형상을 하고 있을 것이다.

따라서 식민지 시기에 조성된 문화의 궤도를 이탈하기 위해서는, 이러한 미로와 같이 복잡한 상황에 대한 조명이 첫번째 작업이었을 것이다. 하지만 탈식민 이후 남한에서 일제에 의한 조선 "관습"에 대한 재조사는 거의 없었다. 한국의 탈식민 정치 엘리트는 가족 영역에서 전통을 추구하였고, 이 전통이란 식민지 지배에 의해 침해받지 않은 온전한 조선 시대의 양반 문화를 의미했다. 이 전통의 추구에서, 식민지 유산은 심정적으로는 강하게 부정되었으나 내용적으로는 일제에 의해 체계화된 조센의 "관습"을 답습하는 역사적 아이러니를 발견하게 된다.

이러한 상황에도 불구하고, 오늘날까지 남아 있는 한국의 호주 제도에서 볼 수 있듯이, 부계 계승 제도, 부처제 결혼 제도, 남성 중심 가장주의의 논리는 매우 분명하다. 다시 말해, "조센의 관습"이 내포하는 논리적 모순과 수많은 역설 속에도 뚜렷한 질서가 있으니 그것은 부계 계승적 가부장적 질서이다. 여기서, 전 주민을 가부장적 친족 질서 속에 얽어 매고, 피식민지 사회를 봉건적 신분 질서 속에 지체시키는 것이 식민지 국가의 지배 관심이었다는 점을 조심스럽게 제시하여 본다. 그러한 지배 관심을 이후의 한국의 국가가 계승하였다면, 바로 그러한 의미에서 이러한 친족 질서는 식민 후기(postcolonial) 국가 상황을 대변하고 있는 것이다.

이상과 같은 논점은 앞으로의 몇 가지 과제를 제시한다. 그것은 먼저, 한국 사회에서 가부장제의 은닉처라고 할 수 있는 "유교적 전통" 개념에 대한 해체라는 과제를 제시한다. 이 글에서 논의한 바와 같이,

우리가 알고 있는 "유교적 전통"이란 많은 경우, 역사적 맥락이 사상되고 동결된 무엇이기에, 그것을 현재의 필요에 맞게 해체하고 재구성하는 것은 한국의 여성/문화 운동의 주요 과제라고 할 수 있다.

이러한 논의는 또한 한국에서 식민 후기 페미니즘(postcolonial feminism)의 가능성과 필요성을 시사한다. 왜냐하면, 식민지 시대의 사회 변화의 중심이 기존의 민족, 인종, 국가에 더하여, 젠더라는 축에 있음을 나타내기 때문이다. 다시 말해, 가부장제의 재구성 문제는 식민지 지배를 이해하는 또 하나의 관건이 된다. 식민 후기 페미니즘은 민족주의 및 사회주의와 같은 식민주의 대항 담론에 대한 근본적인 성찰을 유도할 수 있다. 식민지 지배에 가부장제와 젠더 시스템이 동원되었다면, "토착적" 가부장제의 재구성과 식민지 사회 지배의 문제, 그리고 이러한 가부장적 국가 지배의 탈식민 이후의 지속 등에 대한 천착은 기존의 식민주의 이해를 넘어서 식민주의에 대한 새로운 시각을 열 수 있을 것이다. 이때에, 조안 스콧의 말대로, 여성사는 여성에 대한 역사가 아닌 여성을 통한 새로운 역사 서술이라는 것을 보여줄 수 있을 것이다.

여성사의 각도에서 보았을 때도, 식민 후기 페미니즘 혹은 식민지성에 대한 여성주의적 분석은 중요성을 가진다. 왜냐하면 식민지성이 조선의 가부장제의 고착에 관계하여 왔다는 것이 진실이라면, 식민지성에 대한 고려 없이 한국 여성의 상황을 조명하고 변화시키는 부족하다는 것을 의미한다. 식민지 시대의 사회 변화가 가부장제와 여성의 주체성을 어떻게 재구성했는가? 이러한 재구성은 이후 식민 후기 사회에서 어떻게 변형되고 고착되었는가와 같은 문제는 한국의 여성 연구를 역사화하는 데에 주요한 단서가 될 것으로 생각된다. 이 글은 식민주의와 가부장제 간의 착종 관계의 한 단면을 드러냄으로써, 식민주의가 이른바 토착적 가부장제에 개입하고, 그것을 식민주의적 이해 관심에 따라 재구성하였다는 점을 밝히고자 하였다. 그리고 이 논의는 식민지 시기의 "근대성"에 대한 하나의 문제 제기의 의미도 가진다.

앞에서 살펴보았듯이, 일본의 민법은 일본의 "전통"과 서유럽의 법문 간의 경합과 타협 속에서 입안되었다. 이렇게 고안된 일본의 가족 제도는 조선에 식민주의 지배 관심에 입각하여 이식되었고, 그것이 다시 "조선의 관습"이라는 이름 아래 식민지 동안과 이후의 한국 가족법에 굳어져 왔다. 조선의 관습과 일본의 구민법이 이와 같이 체계화되고 보편화된 데에서 "근대적" 성격을 찾을 수 있다면, 그것은 식민지 지배 관심 속에서 이루어진 조선의 과거에 대한 시대 착오적 전유에 의해 구현된 것이라고 할 수 있다. 그런 만큼 이 맥락에서 (한국 여성과) 근대성을 조명하고자 한다면, 그것은 식민지 시기 이전의 전통 문제와 식민지성의 규명과 함께 이루어져야 한다. 이러한 점에서 근대라는 개념이 식민지 시기의 (여성과) 사회 변화를 측정할 수 있는 포괄적 분석 개념이 될 수 있을지 의심스럽다(이철우, 1999). 근대를 분석의 전제가 아니라 분석의 대상으로 하고자 한다면, 시간적으로 단기화하고 공간적으로 지역화해서 분석할 것을 제안한다. 한편, 식민지 피지배가 한국 사회에서 국가틀의 형성, 자본주의화, 전쟁, 인구의 대이동과 같은 광범한 규모와 깊이의 사회 변화를 가져왔다면, 식민주의는 그것 자체로 규명되어야 할 분석 대상일 것이다. 하지만, 한국 사회는 아직도 그 식민주의에 대해 말할 수 있는 언어를 많이 가지고 있지 않은 것 같다.

1. 이 점에서 홉스봄(Hobsbawm)과 레인저(Ranger) 등이 제기한 전통의 고안(invention) 논의는 근
대주의에 흥미로운 메시지를 준다. 이들은, 흔히 "전통적" 요소라고 알려진 문화적 실천들이 실은 근대
화의 과정에서 만들어지고 확정되었다는 것을 분석한다. 특히 레인저는 아프리카 탈식민지
(postcolonial) 사회들의 "관습법"을 연구하면서, "사람들이 [아프리카의] 관습법, 관습적 토지권,
관습적 정치 구조 등이라고 부르는 것들은 모두 식민지적 법규를 만드는 과정에서 고안된 것들이다"라
고 쓰고 있다. 사실, 식민지 관습법의 이러한 성격에 대해서는, 아프리카 법인류학에서 이미 발표되어
왔다. 이와 같은 연구들은 전통 개념이 문화적 본질이 아니라 역사적 구성, 특히 근대화와 식민주의의
과정 속에서 분석되어야 하는 문제라는 점을 시사한다. 더 근원적으로 이런 논의는 전통과 근대에 대한
근대주의적 이분법에 대해 새로운 지평을 열었다는 의의를 지적할 수 있다. 이러한 전통 논의는 이후
후기 식민주의 역사 쓰기와 결합되어 새로운 동력을 얻는다(Hosbawm & Ranger, 1983 ;
Ranger, 1983 : 250 ; Chanock, 1982 ; 1978 ; Fitzpatrick, 1980).

2. 또한 가족법의 법조문이 당시의 가족 생활을 그대로 반영한다고 할 수 없다(물론 "그대로" 반영하는 텍
스트는 없다). 다만, 가족 제도의 문법(질서)을 정당화하고 재현하는 하나의 텍스트라고 할 수 있다.

3. 1908년 5월부터 일본은 조선에 부동산 조사회와 법전 조사국을 설치하여 약 2년에 걸쳐, 조선의 민상
사 관습 조사를 행하였으며, 그 결과를 1910년 『한국 관습 조사 보고서』로 출간하였다. 『관습 조사 보
고서』 출간 이후 식민지 시기에도 관습 조사가 계속되었다. 당시의 조사 방법과 태도에 대해서는 구체
적으로 알기 어렵다. 하지만, 『보고서』의 관습 문항이 일본의 민법과 상법 조항을 그대로 따라 206문
항으로 구성되어 있으며, 그 체계 역시 일본법의 체계를 따르고 있다는 것에서 조사의 큰 틀을 알 수 있
다. 즉, 일본 가족 제도와 법체계와 개념에 맞추어, 조선의 "관습"이 분류, 정리, 해석되고 있음을 알 수
있다. 관습 조사 방법과 태도에 관해서는, 정긍식(1992), 법원 행정처(1985), 양현아(2000) 참조.

4. 중추원 자료에 나타나는 관습 쟁점의 예는 다음과 같다. 전주 최씨의 시조(始祖) 및 혼인에 관한 것, 소
종(小宗)의 시조(始祖) 및 그 칭호에 관한 것, 이혼에 관한 것, 종중(宗中) 재산 관리 대표자 선정에 관
한 것, 종중 또는 문중에 관한 문제, 제위토(祭位土)에 관한 것, 신주체천(神主遞遷)에 관한 것 등이다.
이러한 쟁점에 답변하기 위해서 『경국대전』, 『대전통편』, 『대전회통』, 『상평통고』, 『증보문헌비고』,
『동화성보』, 『만성보』 등과 같은 조선 시대의 법전 및 족보를 참고하였음을 밝히고 있다. 그런데, 이러
한 판단에 있어서 당시의 조선 유학자의 의견 혹은 구체적인 현장 조사에 대해서는 언급이 없으며, 문
의에 대한 "답변"은 대개 한달 이내에 제공되고 있다. 따라서, "관습" 판단이 깊이 있는 연구와 토론에

의해서가 아니라 식민지 관료들의 행정적 편의에 의해 신속하고 단순하게 내려졌다고 말할 수 있을 것 같다(정광현, 1955 : 32-33 ; 정광현, 1967 : 160-221).

5. 최정무는 식민지 조선의 정체성을 "신체 없는 신체 기관"(organ)이라는 은유로 형상화하고 있다. 이 것은 식민지 사회 상황의 정신 분열적(schizophrenic)이고 기괴한(grotesque) 현실 표상을 위한 하나의 알레고리라고 할 수 있다(Choi, 1993).

6. 조선 시대의 호적 제도는 주로 부역 등 과세를 위한 기초 자료로서, 봉건적 신분을 확인 명시하고, 인민을 토지에 긴박하여 유입을 막기 위한 목적이 있었다. 하지만 호구 조사 규칙에서는 호적 제도를 국가가 인민을 보호하고자 하는 목적 위에서, 오로지 국세 조사(國勢調査)적인 것으로 천명하고 있다(이승일, 2000).

7. 조선 호적령은 호적을 정(正), 부(副) 두 부로 작성하여 정본은 부청(府廳) 또는 면사무소에 비치하고 부분은 감독 법원에 보관케 하여 멸실에 대비케 하였으며 호적의 기재 사항, 기재 방법, 타관청과의 교섭, 기재 사항의 직권 정정(職權訂正) 등에 관한 규정을 상세히 설정하여 사무 취급의 준칙을 명시하고 구법에서 호적 사건에 관한 부당 처분에 대해 신고인이 항고하는 것을 인정하는 등 호적 제도에 관한 규칙의 확대 및 세밀화를 이루었다(정광현, 1967 : 130).

8. 사회주의 중국에서 가족 사항에 관한 사실주의에서 등록주의 원칙으로의 전환은 국민으로 하여금 많은 저항을 불러일으킨 것으로 알려지고 있다. 예컨대 결혼 등록은 국가의 강요에도 불구하고 그 실행이 대단히 더디게 이루어진 영역이었다. 식민지 조선에서 이러한 변화에 대한 주민들의 저항과 반응이 어떠하였는지에 대한 기록을 발견하지는 못했다.

9. 일본의 서양자 제도는 이 측면을 이해하는 데 도움을 줄 것이다. 서양자 제도란 양자로 입적된 아들이 동시에 그 가족 중의 딸과 혼인하여 양부모와 아들이면서 사위라는 이중 관계를 맺는 제도이다. 이 서양자는 아들(사위)로서 호주 계승을 할 수 있었다.

10. 법정 호주 상속인의 포기 및 폐적을 인정하지 않는 "절대적 강제 상속"은 한국에서 1989년 3차 가족법 개정까지 지속되었다. 현재에도 한국에서 현호주가 차기 호주에 대해 제한을 할 수 있는 폐적과 같은 제도는 존재하지 않는다(정광현, 1967 : 424-427 ; 김주수, 1994 : 398-399).

참고문헌

강상중, 1997, 『오리엔탈리즘을 넘어서』, 이경덕와 임성모 옮김, 이산.

김정근 & 이용재, 1999, 「한국 법학의 탈식민성 담론에 관한 서지 연구」, 『역사와 사회』, 제16-17 합본.

김주수, 1994, 『친족 상속법』, 법문사.

박병호, 1992, 「일제하의 가족 정책과 관습법 형성 과정」, 『법학』, 33권 2호.

배경숙, 1988, 『한국 여성사법사』, 인하대학교 출판부.

양건, 1989, 「한국에서의 "법과 사회" 연구」, 『법과 사회』 제1호, 법과 사회연구회.

양현아, 2000, 「식민지 시기 한국 가족법의 "관습"에 얽힌 몇 가지 쟁점」, 한국사회사학회 2000년
        여름 워크숍, 미간행 논문.

여성평우회, 1984, 「가족법은 왜 개정되어야 하는가」, 미간행 논문 모음집.

이병수, 1977, 「조선 민사령에 관하여 ─ 제11조의 관습을 중심으로」, 『법사학 연구』, 제4호.

이상욱, 1988, 「일제하 호주 상속 관습법의 정립」, 『법사학 연구』, 제9호.

이승일, 2000, 「식민지 호적 제도의 성립과 법률상의 "가"」, 한국사회사학회 2000년 여름 워크숍,
        미간행 논문.

이철우, 1999, 「법에 있어 "근대" 개념 ─ 얼마나 유용한가」, 『법과 사회』, 16-17 합본호,
        법과 사회 이론 연구회.

이태영, 1982, 『가족법 개정 운동 37년사』, 가정 법률 상담소 출판부.

이희봉, 1957, 『친족 상속법 연구 ─ 신민법 제정에 연관하여』, 일신사.

장영아, 1996, 『호적 제도의 개선 방안에 관한 연구』, 한국 여성 개발원.

정광현, 1955, 『한국 친족 상속법 강의』, 위성문화사.

_____, 1967, 『한국 친족 상속법 연구』, 서울대학교 출판사.

정긍식, 1992, 『국역 관습 조사 보고서』, 한국 법제 연구원.

최재석, 1983, 『한국 가족 제도 연구』, 일지사.

국회 사무처, 1957, 「국회 속기록」, 26회 30호.

동성동본 위헌 소송 재판 자료 (95헌가 6 내지13, 민법 제 809조 제1항 위헌 제청)

법원 행정처, 1985, 『친족 상속에 관한 구관습』, 재판 자료, 제29집, 법원 행정처.

Burman, Sandra B. & Barbara E. Harrell-bond, eds., 1979, *The Imposition of Law*,
        New York : Academic Press.

Chanock, Martin, 1982, "Making Customary law : Men, Women, and Courts in Colonial

Northern Rhodesia," in *African Women and the Law : Historical Perspectives*, Margaret Jean Hay & Marcia Wright, eds., Boston: Boston University Press.

_____, 1978, "Neo-Traditionalism and Customary Law in Malawi," *African Law Studies*, 16 : 80-91.

Chatterjee, Partha, 1986, *Nationalist Thought and the Colonial World – A Derivative Discourses*, Minneapolis : University of Minnesota Press.

Chen, Edward-Ite, 1984, "The Attept to Integrate the Empire: Legal Perspective," in *The Japanese Colonial Empire, 1895-1945*, Ramon H. Myers and Mark R. Peattie, eds., Princeton : Princeton University Press.

Choi, Chungmoo, 1993, "The Discourses of Decolonization and Popular Memory," *South Korea, Positions – East Asia Cultures Critiques*, 1-1 : 77-102.

De Becker, J. E., 1910, *Annotated Civil Code of Japan*, London & Yokohama : Butter Worth & Co.

Deuchler, Martina, 1992, *The Confucian Transformation of Korea – A Study of Society and Ideology*, Cambridge : Harvard University Press.

Dirlik, Arif, 1987, "Culturalism as Hegemonic Ideology and Liberating Practices," *Cultural Critiques*, Spring.

Fabian, Johannes, 1983, *Time and Other – How Anthropology Makes Its Object*, New York : Columbia University Press.

Fitzpatrick, 1980, "Law, Modernization, and Mystification," *Research in Law and Sociology*, 3.

Hobsbawm, Eric, 1983, "Introduction : Inventing Traditions," in *The Invention of Tradition*, Eric Hobsbawm and Terence Ranger, eds., Cambridge : Cambridge University Press.

Mani, Lata, 1989, "Contentious Tradition: The Debate on Sati in Colonial India, in Recasting Women," *Essay in Indian Colonial History*, Kumkum Sangari & Sudesh Veid, eds., Delhi : Kali for Women.

Minear, H. Richard, 1970, *Japanese Tradition and Western Law – Emperor, State and Law in the Thought of Hozumi Yasuda*, Cambridge : Harvard University Press.

Munroe, Smith, 1907, "The Japanese Code and the Family," *The Law Quarterly Review* 23.

Pelzel, John C, 1970, "Japanese Kinship: A Comparison," in *Family and Kinship in Chinese Society*, Maurice Freedman, ed., Stanford : Stanford University Press.

Ranger, Terence, 1983, "The Invention of Tradition in Colonial Africa", in *The Invention of Tradition*, Eric Hobsbawm and Terence Ranger, eds., Cambridge : Cambridge University Press.

Roberts, Simon, 1984, "Introduction : Some Notes on 'African Customary Law,'" *Journal of African Law*, 28.

Said, Edward W., 1979, *Orientalism*, New York : Vintage Book.

Smith, Robert J., 1996, "The Japanese Confucian Family," in *Confucian Tradition in East Asian Modernity — Moral Education and Economic Culture in Japanese and Four Mini-Dragons*, Tu Wei-Ming, ed., Cambridge : Harvard University Press.

Smith, Sidonie & Julia Watson, eds., 1992, *De/Colonizing the Subject*, Minneapolis : University of Minnesota Press.

Smith, Waren, 1959, *Confucianism in Modern Japan — A Study of Conservatism in Japanese Intellectual History*, Tokyo : Hokuseido Press.

Watanabe, Yozo, 1963, "The Family and the Law : The Individualistic Premise and Modern Japanese Family Law," in *Law in Japan — the Legal Order in a Changing Society*, Arthur Taylor von Mehren, ed., Cambridge : Harvard University Press.

Weisberg, D. Kelly, ed., 1993, *Feminist Legal Theory*, Philadelphia : Temple University.

Yang, Hyunah, 1998, "Envisioning Feminist Jurisprudence in Korean Family Law at the Crossroads of Tradition/Modernity," Ph.D. Dissertation, The New School for Social Research.

1990년대의 시적 현실, 어디에 있었는가

김혜순

살아 남은 자에게서 떠나버린 시적 현실

나는 이 글을 쓰기 시작하기 전에, 내가 소위 문예지에 시를 발표한 지 20년이 되었다는 생각을 잠깐 했다. 그리고 그 20년 간의 나와 내가 몸 담았던 시의 나라에 대해서, 그리고 시의 나라의 환경에 대해서 나름 대로 정리하는 일도 그리 부질없는 일은 아닐 것이라는 생각을 했다. 더 정확히 말하면 내가 몸담았던 80년대의 시적 현실과 90년대의 시적 현실이 어떤 대화를 주고받았는지, 90년대, 우리 나라 시의 시적 현실이 어떠했는지, 어디에 있었는지를 말해 보는 일이 재미있는 일이 될 것이라는 생각도 했다.

시적 현실은 시 안에 놓인 사물들과 시적 언술의 관계 속에서 드러난다. 다시 말하면 시적 현실은 시 안에서 시적 주체와 대상 간의 관계 맺기 방식에서 도출해내 볼 수 있다. 시적 현실이라는 명제는 소재주의적 명제가 아니라 방법론적 명제이다. 그러기에 시적 현실은 시인에 의해 창조된다. 시적 현실은 누구에게서나 다르게 정의될 수 있고, 그럼으로써 시적 현실은 존재의 의의가 있다. 시적 현실 속에 내재한 규칙은 본질은 아니지만 실존한다. 아울러 시적 현실은 현실이라고 명명되고 규정된 하나의 구조물이며, 시의 존재태이다. 시적 현실은 한 시인에 의해서 창조되는 다양한 의미 구조일 수도 있고, 다수의 시인들에 의해 창조된 유사한 의미 구조일 수도 있다. 그런 이유로 시적 현실은 그 시대가 창조한 일종의 신화이기도 하고, 그 시대 시인들이 살아낸 시적 삶의 방법이기도 하다.

80년대는 시에 리얼리즘과 모더니즘의 경계(그때의 시들에 이러한 명명이 타당했었는지는 재고해야 할 과제이다)가 어느 때보다 확실하게 존재했던 시대라고 언급되어 왔다. 이는 같은 문화적, 정치적 컨텍스트 안에 있는 시인들이 시를 자신의 삶에 대한, 삶에 관한 무엇으로 생각하고 있는가에 따른 구분이기도 했고, 그들이 각각 시적 현실이란 것을 어떻게 규정하고 있는가에 대한 구분이기도 했다. 그러나 리얼리즘 계열과 모더니즘 계열의 구분이 시인들의 현대성에 대한 인식의 거리에서 생긴 분리라고 볼 수는 없었다. 왜냐하면, 세월이 많이 흘러서 말이지만 80년대의 소위 리얼리즘 계열은 운동권적 편향으로 시에 대한 정상적인 인식이랄 수 있는 현대성, 또는 현대적 삶에 관한 내용, 일상에 대한 관심을 억압했다. 같은 차원에서 소위 모더니즘 계열은 자신들의 시 속에 내재한 현실이란 무엇인가에 대한 정의를 애써 외면해 왔다. 이것은 거칠게 말해서 80년대의 문학계가 사실상 당대의 시적 현실, 또는 현대성이 무엇인지, 어떻게 존재하는지에 대한 논의를 심도 있게 전개해 내지 못했으며, 아울러 그 모호함을 90년대에 그대로 넘겨주었다는 사실을 의미한다.

80년대 말 어느 사월 초파일, 군사 독재 체재가 곪아터지기 시작하는 그 즈음, 대학생이 또 최루탄에 맞아 산화했다. 그 장례식이 연세대에서 있었다. 장례식이 끝난 후 장례 행렬은 신촌 로터리를 거쳐 서서히 시내 쪽으로 움직여 나왔다. 그러나 그 행렬의 시작인 영구차는 시청 앞에서 경찰 진압 부대의 제지를 받았다. 다 아는 게임이었지만 구경꾼도 엄청났다. 경찰과 영구차 등 차량 행렬, 반체제 인사, 만장 행렬의 대치는 오래도록 계속되었다. 그러고 있을 즈음 장례 행렬의 말미쯤부터 상인들이 나타나기 시작했다. 최루탄 발사에 대비한 마스크, 치약, 비닐 봉지뿐만 아니라, 김밥, 음료수, 심지어 기념 티셔츠, 모자를 파는 사람들이. 그리하여 졸지에 장례 행렬은 시장 바닥처럼 변하고 말았다. 그런 속에 스님들을 앞세우고 한복을 차려 입은 여인들과 학생들, 부처님 오신 날 밤의 행렬이 나타났다. 그야말로 점입가경, 신촌로 일대는 장례 행렬 속인지, 연등 행렬 속인지, 시장 속인지 구분이 되지 않았다. 첨예한 대립은 어디 가고 생활의 난장이 상징적인 희생을 덮어 버렸다.

어쨌거나 그 당시 시는 그런 삶의 난장을 보지 않고, 애써 외면했다. 그럴 수밖에 없었지만, 시는 그때 어떤 방식으로든 너나없이 장례식에 바빴다. 그리하여 90년대 초반에 소위 군사 독재가 종언을 고하자 문학계가 일시에 초원을 잃은 양떼처럼 방황을 시작해 버렸다.

더없이 파란 하늘에는 폐우주선들이 유령선처럼 떠 있었지만 로코코식 건물과 인공 정원은 기가 막히게 아름다운 그런 혹성, 살가소가 하나 우주 공간에 떠 있었다. 붉은 꽃들은 그림으로 그린 것보다 더 붉었으며, 잔디는 그림 속에서보다 더 아늑한 그런 혹성이 산소로 충만한 채 떠 있었다. 그 혹성에선 언제나 멀리서 듣기에도 너무나 애절한 오페라 「나비 부인」의 아리아가 구조 신호로 보내지고 있었다. 그러나 그 모든 것은 죽어서 해골이 된 소프라노 가수 에바가 만든 홀로그램 속의 풍경일 뿐, 그 아름다운 아리아에 홀려 따라간 모든 우주 비행사들은 소프라노 에바의 상대역 테너가 되었다가 죽었다. 그 곳은 다만 청중의 박수가 자신을 떠나는 것을 견디지 못해, 혹은 그녀가 가수였을 때, 애인이었던 테너 까를로를 잊지 못해 만든, 백 년째 계속되는 하나의 가상 현실 속일 뿐. 그 레코드판처럼 회전하는 그녀의 홀로그램 속에선 누구도 살아 나올 수 없었다. 우주 비행사들은 죽기 직전 자신의 지구에서의 소중한 추억마저도 그녀의 상대역 까를로의 기억으로 대체되는 불운을 겪을 뿐. 난파되는 우주선은 날마다 그 숫자가 늘어나고, 우주 묘지는 날마다 뚱뚱해지고… 그러나 오늘도 완벽한 그녀의 홀로그램은 절대로 파괴되지 않고, 방문객의 죽음을 상납 받기를 기다린다. 그녀의 별에선 인간의 목소리를 한 구조 신호, 아리아가 온 우주를 진동하고…

― 애니메이션 「메모리즈」 중 가쓰히로 오토모의 "마그네틱 로즈" 요약

「메모리즈」포스터.

우선 죽은 동료를 남겨두고, 살가소를 빠져 나온 코로나의 선장, 이바노프가 있었다. 그리고, 우리들, 90년대가 되자 살아 남은 자들이 있었다. 살아 남은 자들은 모두 살아 남았다는 그 사실이 계면쩍었다. 그러나 살아 남은 자들 중에 가장 위대한 자들이 글을 쓰는 사람들임에는 틀림이 없었다. 왜냐하면 그들은 운동권 내부의 대중적 권화였기 때문이다. 언어로서나, 삶의 내용으로서나.

그들의 면면한 후일담이 문학계를 물들이기 시작했다. 그 후일담엔 운동권 내부에서의 인간 관계 문제, 이념과 현실의 괴리 속에서의 방황, 그리고 살아 남게 된 자괴감, 방황이 들어 있었다. 그들은 에바의 상하지 않는 목소리와 미모에 홀려, 그러나 알리바이적 사명감으로 무장한 채, 그 공동 묘지로 줄기차게 들어갔다가 나왔다. 그러나 거기선,

에바의 쉬지 않고 되풀이되는 레코드판, 홀로그램만이 존재할 뿐, 어디에도 현실이 없었다.

그리고 90년대 초, 후일담에 이어서 외국 여행 자유화 정책으로 조선족 부락을 방문함으로써 촉발된 과거 지향, 즉 문명 사회 이전, 촌락 공동체 사회로의 회귀 갈망, 탐닉 같은 민족주의적 향수가 남긴 앙금이 한번 더 피어올랐다가 스러졌다. 그때 당연히 우리가 몸담고 사는 도시의 거리는 폐허의 거리로 시인들에게 비쳐졌을 뿐, 여전히 소재주의적으로도 서울은 시적 현실이 아니었다. 서울은 떠나야 할 곳이지 현실이 아니었다. 90년대 초 일부에서 "신서정"이란 용어가 떠오른 것은 전통에 대한 새로운 해석, 혹은 서정적 리얼리즘이란 것을 제시하고자 하는 열망에서 비롯되었겠지만, 막상 시 작품들을 놓고 볼 때는 갑자기 맞닥뜨리게 된 거대한 자본주의 구조에 대한 환멸, 도피 이상이 아니었다. 말하자면 미성숙한 낭만주의를 반복하는 것에 지나지 않았다.

동시에 혁명을 이상화하고, 죽음으로써 이 사회의 모순적 현실을 쳐부수는 것을 찬양하던 시인들이 또다른 나르시시즘에 빠져들기 시작했다. 자신이야말로 이 폐허의 현실, 이 부패의 현실을 구원할 수 있는 유일한 사람이라고 믿고 또다른 권화의 모습으로 민중 앞에 나타난 것이었다. 그들은 마치 진세의 삶을 구하려 면벽 수도를 포기한 수도승 같은 모습으로 나타나거나 홀로그램 속의 에바처럼 영원한 나르시시즘과 희생양의 욕망에 사로잡혀 같은 레코드판을 돌리고 또 돌렸다. 그러자 그 불쌍하고도, 질긴 그녀와 사랑에 빠지겠다고 사방에서 또다른 시인들이 몰려들었다. 온몸에 감상주의라는 휘장을 두른 채. 그렇게 90년대의 세기말을 물들이는, 잊고 싶어도 잊을 수 없는 80년대에 붙들려 사는 기성 세대를 젊은 세대들은 흘러 다니는 우화를 통해 우롱했다. 들러붙으면 절대로 떨어지지 않는 귀신, 만득이라는 주인공을 내세워.

사회적 알리바이만이 유일한 시적 현실이라는 생각에 세뇌되었던 시인들은 우리의 현실에 발을 붙일 중력을 되찾지 못한 채 사라진 원시 공동체의 비현실적 복원 공간 속에서, 아니면 자기애의 함정 속에서, 그것도 아니면 노스탤지어에 대한 노스탤지어에 빠져서 허우적거렸다. 누구를 계몽하고, 누구를 적대해야 한단 말인가? 도대체 이해할 수도, 받아들일 수도 없는 상대적 진리의 소용돌이, 현실이 그들을 더욱 세게 허우적거리게 했다. 우리가 경험해 보았듯이 운동권 내부의 체제는 면면한 유교가 아니었던가? 그 유교적 규범을 잃고 새로운 현실이라는 셀 수 없이 많은 조폭(組暴)의 무리를 맞대면한, 이분법적 사유에 익숙한 시인들은 이데올로기와 국민 국가와 민족주의라는 자식을 한꺼번에 잃은 부모처럼 빈 집을 끌어안고 허탈해 했다. 그들은 알고 보니 모두 처량한 아버지들이었다.

그리하여 결국, 국민의 정부가 들어서자 "영원한 반체제 시인"은 우리 나라에 아무도 없었다는 슬픈 결론이 내 머리 속을 맴돌게 되었다.

키치라는 시적 현실

우리 나라는 어느 시대를 막론하고, 시 나라 안에서도 산수화가 강세다. 산수화의 소재가 될 수 있는 자리는 이제 우리 국토 그 어디에도 존재하지 않는데, 응고된 전통적 양식에 도취한 나머지, 현실은 망각되고 증발된 채 자연 풍경과 농경 문화의 유산을 붓의 습관적 터치로 체포한 시들은 나날이 그 수를 늘려 간다. 그리하여 그야말로 인공 자연으로 전락한 금수강산이 손끝에서 복제 기술자에 의해 새로이, 마치 가상 현실 공간처럼 또 한번 방법적으로 피어나는 것이다. 그럴 때 시인이 체포한 자연은 우리와 함께 소통하지 않는다. 왜냐하면 그것은 낡은 양식의 권위에 기대어 스스로 그러한 자연을 위장하고 있기 때문이다.

이 부류 속엔 80년대의 사회주의적 리얼리즘 시도 포함된다. 왜냐하면 사회주의적 리얼리즘 시는 사회주의가 보고 싶고, 보여 주고 싶은 것 이상을 시 속에 구현하는 것을 원하지 않기 때문이다. 이런 시들은 사회가 요구하는 것 이상을 그리는 것은 싫어한다. 현실을 너무 현실적으로 그리는 것은 반대하는 것이다. 복제 기술만으로 씌인 시들과 아울러 또 하나, 소품 위주의 묘사 시들이 강세다. 그런 시를 쓰는 시인들은 마치 대상을 연필로 데생하듯이 쉽고 빠르게 잡아낸다.

그러나 그 시인들은 묘사함으로써 시인으로 인정받는 것이 아니라 묘사한 뒤에 꼭 뒤따라 붙이는 잠언 내지는 아포리즘, 그리고 신화에서 억지로 끌어온 이미지로 존재성을 인정받는 시인들이다. 평론가들은 그런 아포리즘과 신화적 상징을 붙여 주는 시인들을 좋아하고, 그런 시인들은 또한, 스케치 뒤에다 세상의 자잘한 깨달음을 갖다 붙임으로써 시인의 소임을 다했다고 생각한다. 그러나 그럼에도 불구하고 이러한 부류의 시들은 오히려 사실적이지 않다. 왜냐하면 뒤에 따라나오는 잠언이 앞에 들어 있는 묘사된 현실을 먹어 버리기 때문이다. 그렇다고 그 잠언이 사유의 소산인 것 같지도 않을 때는 문제가 더 심각하다.

앞에 예로 든 이 두 양식이 우리 나라 시가 가지고 있는 가장 보수적 양식이다. 이러한 보수적, 봉건적 양식이야말로 시사적인 권위에 기댄 전문 독자라고 하는 수용자가 가장 좋아하는 방식이다. 그들은 시에 대한 고정 관념, 시는 음풍 농월, 혹은 다른 집단적 사유 체계의 하인일 뿐이라는 관념에 사로잡힌 수용자들이다. 이들이 시인들에게 그토록 비현실적이고, 봉건적인 방법으로 사물과 관계를 맺으라고 요구한다. 아니면 일상성의 트리비얼리즘을 요구하는지도 모르겠다. 그래서 우리 나라의 시는 습관적인 시작 행위에서 비롯된 동어 반복의 몸짓에 사로잡힌 시들이 너무도 많다. 이 몸짓은 물론 의식의 미니멀리즘에서 연유한다. 보수적인 시인들은 리얼리티를 원하지 않는다. 하이퍼 리얼리티도 원하지 않는다. 너무 사실적으로 표현하면 그 사회의 이데올로기가 무너지기 때문이다. 그들의 시에서는 현실이란 너무 사실적이지 않은, 방법적으로 익숙한 것일 뿐이다.

키치 또한 사물과 인간이 관계 맺는 방식에 대한 하나의 명명이다. 문학 작품 안으로 들어온 키치는 현실적인, 너무나도 현실적인 것을 요구한다. 네이키드한 우리의 욕망을 욕망 그대로, 그 "짜가"를 "짜가" 그대로 보여 주기를 원하는 것이 문학에 들어온 키치의 요구 조건이다. 키치는 인간이 기원의 자리에, 또는 인간만이 위계의 모든 꼭대기 자리에 앉아 있기를 원하지 않는다. 시 안에 들어온 키치적 재료는 인간 또한 자신들과 평등하게 사물이기를 바란다는 말이다. "나"와 사물은 어떤 가치적 차이도 없다. 이때 사물엔 대중 문화의 온갖 것들이 포함될 수 있다. 이를테면 영화 배우, 광고계의 스타들, 그리고 내 일상적 삶의 도구들.

키치는 또 하나의 현실이다. 이 말은 일차적으로 시의 재료를 물적 재료와 정신적 재료로 이분화해 놓았을 때 물적 재료가 현금에 와서 키치적 재료로, 키치적 현실로 변화해 버렸다는 말이다. 우리는 키치를 떠나서 실존할 수 없다. 키치 없이 살라는 것은 주부에게 가재 도구 없이 살림을 하라고 하는 것과 다를 바가 없다. 우리를 둘러싼 문화/자연은 키치의 세례를 받고 변화된 모습으로 존재하고 있다. 그러므로 현대시에서 키치적 요소가 한 방울도 포함되지 않는 시란 존재할 수가 없다. 만약 그런 시가 있다면 그런 시야말로 가상 현실을 그리는 시다. 화석화된 사물을 고착시킨 시다.

키치가 문학에 들어오면 그것은 체계적인 거짓에 저항하기 위한 미학적 방식이 될 수 있다. 그러나 그것은 절대적으로 계몽주의적인 시의 알리바이적 과격함과는 거리가 멀다. 다시 말하면 키치는 키치가 놓인 우리 집의 안방과 건넌방과 혹은 텔레비전 드라마와 똑같은 자리, 똑같은 안락함을 원한다. 그것은 존재의 딜레마를 해결해 주기보다는 배제시킨다. 쿤데라의 말대로 키치란 똥의 절대적인 부정이지 칼의 부정이나, 총탄의 부정과는 거리가 있다고 말할 수 있다. 키치는 부유하고 안락한 삶을 시인과 함께 추구하려 한다. 키치는 썩는 것들을 혐오한다. 똥을 혐오하는 키치를 우리가 고고한 척 비웃을 수는 있어도, 그것에서 벗어날 수는 없다.

키치란 그 놓이는 방식, 말하기 방식이다. 즉 다시 말하면 키치는 물적 재료이면서 동시에 정신적 재료이기도 하다는 말이다. 현대 사회에서 물적 재료가 정신적 재료를 변화시키는 현장은 우리의 소비 행태에서 늘 목격하는 바가 아닌가?

그리하여 키치가 문학 안에 자리할 때에는 그것은 과도한 시인의 자의식과는 조금 거리가 있는 모습으로, 키치 스스로 자율적으로 존재할 것이다. 즉, 시 안에 들어온 키치는 스스로 말하기 방식을 가지고 있을 것이라는 말이다. 그러나 우리 나라 안에서 키치 시라고 명명되었던 시들은 엄밀한 의미에서 키치 시라고 명명할 수는 없을 것 같다. 키치에 대한 대안적 세계까지 시 안에 스스로 마련하고 있는 시들, 혹은 과도한 자의식으로 경멸되어야 마땅한 재료라는 식으로 시 안에 키치를 들여놓은 시들을 진정한 의미에서 키치 시라고 부를 수는 없다. 그런 시들은 대개 키치를 패러디하거나, 키치적 삶을 인유함으로써 키치 자체를 부정하고 비판한다. 그럴 때 시인은 자신의 시에 집어넣은 키치에게 양반 저택에 들여보내진 카페 여급만큼 부당한 대우를 받을 만반의 태세를 갖추라고 귀띔하였을 것이다. 그러므로 그러한 시는 또 하나의 소재주의적 시일 뿐 표현이나 양식의 면에서 키치의 시, 키치의 현실을 드러낸 시라고 보기는 어렵겠다. 키치의 문학은 물론 소재주의적 측면에서 우리 삶을 구성하는 수많은 부르주아, 혹은 신흥 예술 향유 계급의 저급한 문화, 대용품을 끌어 모으고, 그것을 시의 재료로 삼는다. 그러나 그 재료를 구성하는 방식은 겨울 창문 위의 성에꽃처럼 매우 다양하고 풍부한 연쇄 고리를 가진 연상 작용을 통해 의도적이건 아니건 간에, 시 역사상 일찍이 없었던 진부하고도 상투적인 이미지를 대량 생산하는 것이다. 키치는 클리세라는 대안 담론일 수 있다.

그러나 현재 우리 나라에서 소위 키치의 시라 불리는 시들은 진정한 의미에서 키치 시라고 명명할 수 없다. 대안적 담론이 말하는 소리를 우리에게 들려주면서 동시에, 그 담론의 발성법에 따라 키치적 사물, 삶의 우스꽝스러움을 과장하는 것은 또 하나의 보수주의적 발언일 뿐이다. 그렇게 되자 오히려 키치의 하이퍼리얼리티가 표출된 것이 아니라 소비 사회 속에 내재한 허무주의가 표출되어 버린다. 우리 나라의 소위 키치 시인들에겐 야유의 알레고리는 불안하지 않지만 전적인 아이러니를 통한 계몽은 불안했던 모양이다. 알레고리의 알리바이만이 필요했던 모양이다. 어쨌거나 키치 시는 소재주의적 명명이 아니라 키치적 재료가 시 안에 놓이는 언술 방식에 의해서 명명되어야 한다는 것이 나의 생각이다. 무늬만 키치가 아니라 시의 사유 방식조차도 키치여야 한다는 말이다.

키치가 있는 자리는 계몽주의적 언설이나 허무주의적 페이소스가 깔린 자리가 아니라 키치 스스로 자족하는 자리여야 한다. 키치는 시라는 양식 안에 들어옴으로써 제 목소리를 전적으로, 그러나 종국에는 반어적으로 내는 것이다. 한 시인의 키치 시들은 상호 텍스트적인 어우러짐으로써 시인의 어떤 목소리를 들려줄 것이다. 그런 목소리를 가진 시들을 모아 키치 시라고 부를 수 있다.

물론 그런 시들을 발표하고 살아내기에 우리 문학 제도가 보수적이고 경직된 모습이기는 90년대에도 80년대와 마찬가지로 달라진 것이 없다. 대중 문화의 재료와 고급 문화의 재료의 경계가 허물어진 자리에서 키치 문학이, 키치 시가 번성하는 자리가 되는 것은 사실이겠지만 키치적 요소를 품었다고 해서 키치 시라 명명할 수 있는 것이 아니라, 키치의 말하기 방식, 이데올로기, 심지어 정황의 구성까지를 끌어안음으로써 그렇게 명명할 수 있을 것이다. 그러나 90년대 시들이 보여준 대중 문화의 패러디, 인유만으로는 여전히 시인들의 의식이 보수적 이데올로기를 보유한 채 권위주의적으로 키치를 도구화함으로써 진정한 의미에서 키치를 현실로 인지하지 못한 결과라고 볼 수 있다. 즉, 키치를 마주한 프리모던 세대처럼 감정에 치우친, 노쇠한 언술을 내뱉음으로써 키치가 여전히 자신들의 시적 현실이 될 수 없었음을 증명했다고 볼 수 있다.

사멸해 가는 양식들이 어떻게 우리 문학 사회 내부와 외부에 잠재한 의식들을 자극할 수 있을 것인가? 일상 문화의 사소함에 대한 마니아적 집착, 역동적으로 몰려들어 오는 시각 현실에 대한 형상화 없이 어떻게 우리의 현실인 키치적 현실을 작품화했다고 말할 수 있겠는가? 우리 시대의 체험과 삶의 양식에 호소할 수 있는 시적 현실은 어떠해야 하는가?

새로운 예술의 새 용어는 새로이 발흥한 예술적 움직임을 중단시키기 위해 보수적 예술 집단들이 폄하해서 부른 이름으로 시작하는 것이 대부분이다. 바로크가 그렇고 인상주의가 그렇다. 어쩌면 키치 또한 경멸의 극단에까지 내몰릴 때 시의 재료로서가 아니라 시의 새로운 말하기 방식으로 자리매김되리라.

여성 시인들이 구축한 시적 현실

80년대의 시는 마르크시즘, 구조주의, 프로이트주의, 후기 구조주의에 의해 분해되고, 분석되었다. 90년대에 와서 시는 생태주의와 여성주의 인식론, 혹은 탈근대 이론의 몇몇 쟁점 사항에 의해 분석되거나, 처벌받았다. 심지어 최근에는 계몽주의를 버리라는 계몽까지 받으며, 시인들은 우왕좌왕중이다. 진정한 의미에서, 계몽주의란, 아니 그것도 아니면 문학의 계몽이란, 문학적 반성이라는 연구의 천착도 없이 말이다.

그러나 어쨌거나 80년대에서 90년대를 거쳐 시인으로서의 내가 제일 많이 들어본 평론가의 말은 사회의 바다로 나오라는, 사회라는 바다에 이득이 되고 소통이 되는 시를 쓰라는 간곡한 권고였다. 그들은 다성적인 목소리의 시에서 어떻든 하나의 단선의 목소리를 끄집어내어 그것을 리얼리즘적 시각만으로 읽어 내고는 제발, 이제 가족주의 내지는 내면주의를 청산하고 사회라는 바다, 그 대양에서 사회적 질곡을 사실주의적으로 발설하라고 나에게 주문했다. 그러면서 그들은 여성 시인은 자연, 어머니 같은 부드러운 것을 늘 일깨워야 하며, 삶과 직접적으로 관계된, 투명하게 빛나는 유토피아를 제시해야 한다고 요구했다. 그것이 그들의 알리바이를 위한 발설인지, 진정으로 시인을 위해 하는 권고인지는 지금에 와서도 판단하기 어렵다.

이러한 전체주의적 시각은 나라는 여성 시인 한 사람만의 문제가 아니라 개인을, 그중에서도 여성 시인들을 주변화하고, 그들의 개성적 표현을 억압하는 중요한 기제가 되었다. 이때 여성 시인들의 아버지는 이중, 삼중의 폭력, 그러니까 사회적, 정치적으로 개인을 억압하는 아버지이면서 동시에 여성과 남성의 평등을 어그러뜨리고, 여성의 정체성을 외부에서 조립하여 하달하는 아버지로 비쳤다.

이러한 억압적 시각은 90년대를 지나면서 억압된 것의 미학적, 지적, 여성적 승화 작업을 통해 빛을 발하기 시작했다. 여성 시인들의 대부분은 남근적 힘을 추구하는 여성주의자가 아니라 억압에 대항하는 새로운 방식의 아방가르드적 언술을 개발해 냈다. 그들의 언술은 자신들의 육체성을 탐구하거나 아니면 근대가 버린 초월의 공간을 탐색하고, 복원하는 방식으로 전개되었다. 물론 그들은 남근주의적 시각에 항의하지만 그 항의는 당대에 국한되는 것이 아니라 그 이전까지의 모든 세대, 모든 시대의 억압에 항의하는 것이었다. 그 항의의 언술 방식은 직접적이라기보다는 프리모던(가장 진보적이므로 가장 신화적인)과 모던(장식하지 않으므로 가장 선명한), 포스트모던(한 여성임을 벗어나서 다성악적인 여성의 여러 목소리들을 동시 표출하는)을 모두 사양하지 않는, 뭉뚱그려 탈근대적 방식의 언술을 개발한 것이었다. 그것은 여성을 주변화시키는 기존의 힘의 논리를 바꾸자는 데 일차적인 목적이 있는 것이 아니라 차이를 핵심에 두고, 차이의 표상을 그려 나가자는 데 더 주력한 결과였다.

이것은 80년대에 발흥된 여성주의적 인식론(이러한 인식론하에서 씌인 시들은 슬로건적이거나, 윤리적 파탄에 이를 정도로 과격하거나, 역사적 여성 인물들의 삶을 자신의 시각으로 재해석해 버리거나, 여성적 화자의 원색적인 비명을 그대로 노출한 시들이 대부분이었다)의 시각틀을 90년대의 여성 시인들이 여성주의적 존재론의 시각틀로 전환시키는 새로운 시적 언술 방법을 개발해낸 것에서 찾을 수 있다. 이 여성주의적 존재론의 언술 방법 속에 여성 시인들이 발견한 여성의 현실이 드러나 있다. (남성적 운문 양식의 밖에서, 백수광부의 아내로부터 시작된 문자 언어 밖의 언어, 현실을 육체화해 부르는 음성 언어는 이제야 다시 여성 시인들을 찾아온 것인가? 그 음성 언어의 면면한 역사 속에 들어 있는 우리 나라의 시적 전통이 이제야 여성의 언어 속에서 발흥하는가? 시의 생사 문제가 우리 나라 안에서도 거론되는 이 두번째 천년의 마지막 밤중에.)

90년대 문학계에서 여성 시인들의 가장 큰 역할은 80년대 시의 정치적 혁명 과제를 시적 언술의 변화 안으로 끌어들인 데 있다. 다시 말하면 여성에 대한 억압과 피억압의 소용돌이를 문학 안으로 끌어들여 시적 언어로 승화해낸 데 있다.

여성 시인들이 사용한 가장 큰 독창적 시의 언어는 남성적 주체들이 떠안겨 준 부정성, 타자성을 큰 상징계 안으로 방출해 버리고, 하달되어 내려온 고정된 여성 정체성을 깨어 버렸다. 직선적, 정치적 정지의 근대 시간관을 대화적이고 순환적인 언술을 통해 새로운 시간관을 제시하였다. 심층과 표층, 또는 상위와 하위에 대한 구조적 반란을 도모해 담론의 구조를 변화시켰다. 이런 구조 안에서 여성성은 "나"라는 또하나의, 아니 여럿의 타자를 발견해 낸다.

그 타자들은 여성 시인들 내부의 이방인이면서 동시에 무의식과 친교를 맺고 있는, 그 전에는 감히 내보이지 못했던, 그러나 이제는 서로 빤히 쳐다보는 아름답거나 추악한 얼굴들이었다. 그 얼굴들은 과정중에 있는 주체(? 주체들)를 회복해 다시 발견해낸 것이기도 했다. 이때 여성이 가진 모성이라는 것은 내 아이를 내가 열심히 기른다는 뜻이 아니라(그들이 평가해 준 대로 가족주의가 아니라) 주체가 자신의 내부에서 어떤 과정중의 수많은 타자들을 끌어안는 것을 가리킨다. 어떤 움직임중에 있는 육체가 어떤 움직임중에 있는 얼굴들을 끌어안고 또 방생하는 것이다. 다시 말하면 자신의 내부에서 떨고 있는 이방인을 끌어안아, 같이 아파하는 것이다. 이때 매 맞고 웅크린 자기 안의 여성과 여성 시인은 화해하고, 평화를 쟁취한다. 이것이 단일한 주체성을 갖고 있는 유교적인 아버지들에게 내보이는 또 하나의 여성적 언술의 특징인 것이다.

그러나 여성 시인들이 자신들의 개인적 무의식 혹은 권력의 작용이 멈춘 자신들의 육체, 내면을 드러내는 방식은 독창적이어야 한다. 그 독창적이고 디테일한 이미지가 낱낱의 여성의 육체성을 드러내는 것이며, 여성적 몸의 몸됨을 순간적으로 현현하며 흔적을 남기는 것이다. 자신의 몸됨으로 또 몸되는 몸을 드러내는 것이다.

시니피앙들의 축제

90년대 시인들(박상순, 김참, 함기석, 서정학, 김태동, 성기완)의 언술 방법의 가장 큰 특징은 두 가지로 요약할 수 있는데, 그 첫째는 의식 세계와 무의식 세계의 경계, 혹은 사회적 영역과 개인적 영역의 경계, 상위 개념과 하위 개념의 경계를 분명하게 세우지 않고, 혼효의 기법을 쓴다는 점이다. 동시에 근대적 공간이 외부 세계에 합리적인 공간을 구축함으로써 통제 시스템을 구축했던 것과는 달리 어떤 지침도 외부적으로는 없어 보이는 마치 사이버 공간과도 같은, 외적인 공간과 내적인 공간의 구별이 사라진 공간이 시 안에서 구축되고 있다는 점이다. 이들 시인들은 시간과 역사, 언어 같은 규칙에 순응하지 않는다. 이 시적 공간 안에서 시는 안과 밖의 경계를 허물고, 새로운 지도를 그려 낸다. 이때 근대적 공간 안에서 밀어내었던 초월이 시 안으로 들어오기도 한다. 밖은 안에 있고, 초월자는 텍스트의 그물코 속에 코를 박고 얽혀 있어, 그를 찾아내기란 도무지 쉬운 일이 아니다. 그물코의 코는 모든 틈이 코가 아닌가? 그러므로 이 그물코마다 코를 박고 엎드린 초월자를 읽는 방식은 따로 있지 않다. 다만 그가 남긴 흔적들을 열심히 따라갈 수밖에, 다른 도리가 없다. 그렇다고 흔적마다 의미의 꼬리를 달고 있는 것도 아니므로, 이러한 시들의 독자는 가상 현실 공간을 유영하는 법을 배워야 한다.

두번째 특징적인 사항은 이들 시인들의 시 속에는 모든 사물들이 살아 있는 주체로 설정된다는 점이다. 주변에서 꿈쩍도 못하던 사물이 일상적 삶의 자잘함 속에서 날개를 피워 올린다. 그것은 마치 90년대 우리 나라를 떠돌아다니는 무수한 사회 우화의 주인공, 사오정 시리즈의 문장들처럼 시니피앙은 있으나, 시니피에는 없는 것과 같다. 그래서 문자 언어보다는 이미지 언어 세대인 신세대, 음운의 색깔에 민감한 신세대는 사오정 우화 같은 것에 박장대소하지만 문자의 의미소에 항상 붙들려 사는 구세대는 썰렁해진다. 이들의 시도 수용자들에게서 같은 대접을 받고 있는지도 모르겠다.

어쨌거나 이들의 시엔 시니피앙들만 둥둥 떠 있는 것처럼 보인다. 이런 시의 사물들은 주체가 분열된 모습이기도 하며, 타자화된 모습이기도 하다. 예를 들어 그들의 시의 언술법을 극단순화시켜 비유하자면 이런 식이다. 내가 입고 있는 구두가 말을 하고, 옷이 말을 하고, 모자가 말을 한다. 손가락도 말을 하고, 입도 말을 한다. 그들은 각자 다른 방향으로 걷는다. 그러나 알고 보면 한 방향으로 걷고 있는 건 아니지만 어떤 도형(몸)을 만들기 위해 각자 살아서 움직이는 것도 같다. 비유를 내장들에게 적용하면 더 분명해진다. 간과 허파와 심장은 따로따로 각자의 운동성을 갖고 있지만 어떤 하나의 전체적인 방향성을 갖고 있다. 이 사물들은 각자 따로 걷고 있는 것 같지만 스스로 규칙과 내용을 갖고 같은 방향으로 흐르고 있다. 아니면 각자 내재적 규칙을 발생시키고 있는지도 모르겠다. 이러한 사물들의 "혼자"와 "흐르는 자"로서 움직이는, 그 차원 속에 시인들이 파악한 시적 현실이 들어 있다. "나"와 그것들은 각자 따로 사유하지만 상호 함축적이다. 물론 상하의 구분은 없다. 안팎의 구별도 없다.

그러나 역설적으로 이러한 상태에 도달한 표현이 나오기 위해서는 의외로 공간과 시간에 대한, 안팎에 대한 에너지의 흐름을 읽는 고도의 지각 상태가 요구된다. 동양적인 호흡법, 명상이 요구되는 건지도 모르겠다. 이것이 역설적으로, 인간 중심 사상을 벗어나고자 하는 생태학적 사유와 연결된다. 그러나 자연과 인간은 하나라는 신비주의적 사고와는 구별된다. 이 시적 사유는 분석해 보고, 재현해 보며, 지시할 수도 있었던 인식론저 범주와 함께 중심을 깨어 버린다. 어디에도 한 편의 시의 주체는 없고, 미끄러지는 말들이 존재할 뿐이다. 그 말들의 연쇄는 하나의 키치가 또 하나의 키치를 끌어오는 방식과 다르지 않다. 이러한 방식은 각 사물들, 혹은 시니피앙들간의 무수한 교환과 유희를 발생시킨다. 이 무한한 교환과 욕망의 재생산 속에서 시의 정황이 발생하고, 이미지가 형성되고, 각각 시인의 독창성이 발현된다. 이러한 시들이야말로 키치 시들이라고 명명할 수 있으리라. 이러한 키치 시들은 우리 삶의 욕망과 사물화 현상을 드러내는 것이기도 하고, 자신들의 욕망을 까발리거나 위장하는 것이기도 하고, 그 사물화 현상을 심도 있게 고발하는 것이기도, 사물들 자체의 축제이기도 하다.

이러한 시들의 언술 방법, 시간에 쫓겨 사느라 아무도 돌아본 적이 없는 사물들이 폭발적으로 살아서 서로가 서로를 끌어당기는 이 언어의 놀이는 지극한 유희 정신에서 발현되는 것이다. 언어로서만 가능한 유희가 바로 이러한 내/외의 구별이 없는 놀이이다. 이 놀이는 미메시스의 놀이, 재현의 놀이라는 근대적 기획까지를 뒤덮는 90년대의 우리 시가 발명한 언술 방법이다. 간혹, 이것을 새로운 초현실의 도래라거나 자동 기술이라고 부르는 것은 그것들의 언술 방법이 초현실적인 병치 혹은 자동 기술법의 보이지 않는 연쇄 방법을 닮았기 때문이다.

그러나 이들 시는 관점의 다양성 속에서 발화되는 다성적인 목소리들이 주체의 구실을 하고 있으므로, 하나의 목소리가 이미지들을 통제하고, 언술을 통제하는 기존 시인들의 시적 주체에 의한 언술법과는 다른 언술 방법이다. 통제되지 않는 상상력인 꿈과 존재에 대한 유희적인 탐구가 얽혀 들어, 모든 사물들이 자발적으로 목소리를 내면서 그물코를 짜는 이들의 시와 심층이 표층으로 끌어올려지는 초현실주의 시와는 근본적으로 다르다.

이때 독자가 하는 일이란 그 안과 밖 사이의 유희를, 초월자와 하위 개념들 사이의 그 잴 수 없도록 넓은 허공의 유영을 시인과 함께 도모하는 것일 뿐이다. 왜냐하면 가장 중요한 것은 사물들과 사물들 간의 사이, 차이, 그리고 그것들의 가장자리이므로. 그 잴 수 없도록 넓은 허공 속에서.(그러나 이런 시인들의 시들을 따라 읽으면서, 내가 느끼는 참담함은 그들이 시집을 한 권 상자하고 나면 얼른 다시 시적 주체의 자리를 탈환하고, 스스로 사물들을 통제하고 관리하면서 아버지가 될 준비를 한다는 것이다.)

새로운 리얼리즘?

나는 시를 읽을 때마다 "이 시를 쓸 때, 이 시인에게 시란 무엇이었을까?" 하는 질문을 마음속에 던진다. 이 질문이 끊임없이 제기되는 자리에 시를 쓴 시인의 시적 현실이 존재하고 있을 것이다. 이 질문을 던지고 보면 그 시인의 취향이나 기질이 아니라 그 시인이 자신의 시적 현실을 무엇이라고 규정하고 있는지, 또는 어떻게 규정하고 있는지가 드러난다.

물론 이때 시적 현실은 시적 소재로서의 현실이 아니라 그 시인에게 시작 활동을 가능하게 하는 역동적 인자로서의 현실이다. 그러기에 시적 현실은 시간과 공간의 변화에 따라, 시인에 따라 무수히 다르게 정의될 수 있다. 시적 현실은 이렇게 여기에 고정된 실체로서 존재하는 것이 아니라 시인이 그렇게 해석하고 바라봄으로써 가능하게 된 존재태이다. 시인에게 현실은 하나의 이미지 구조이며, 신화의 잠재태이며, 보이지 않는 의사 지배자들이 규정해 놓은, 견딜 수 없는 무엇이기 때문에 저항해야 할 무엇이기도 하다. 그래서 시인에게 현실이란 어떤 에너지의 덩어리이며, 늘 일관되지 않는 어떤 움직임의 궤적이다. 그리하여 많은 시인들이 실재하는 것은 분열이며, 죽음이며, 무의식일 뿐이라고 생각하는지도 모르겠다.

90년대의 시에서 시적 리얼리티는 은유적 세계관을 가진 시인들에게서보다는 환유적 세계관을 가진 시인들에게서 훨씬 더 극명하게 드러난다. 우리 나라에서 90년대 시는 은유적 세계관을 가지고 타자를 자아화하려는 모더니즘적 열망을 품은 시들보다는 환유적 세계관을 가지고 시적 현실을 나름대로 소서사의 전략으로 탈구조화하려는 새로운 의미의 리얼리즘적 열망이 오히려 리얼하게 드러난 시대였다고 볼 수 있다.

90년대에 어느 정도의 시적 성취를 이룬 작품들은 현실을 나름대로 새롭게 정의하고 그 정의 속에서 현재적 삶을 새로이 규정하고자 한 리얼리즘적 세계관을 가진 시인들이 오히려 80년대보다 일정한 성취를 거두었다고 볼 수 있는 것이다. 이러한 정리를 할 수 있는 또 하나의 이유는 80년대의 리얼리즘 시가 대타자를 설정하고 그 대타자의 파괴 내지는 쟁취를 위해 시를 희생시킨 반면에 90년대의 리얼리즘 시는 대타자를 시의 구조 안에 파열시킴으로써 현실의 욕망을 스스로 모방하려 한 욕망을 품었기 때문이다. 이 파편화가 대주체의 부정을 도모한다. 다시 바꾸어 말하면 80년대의 모더니즘 시는 80년대의 리얼리즘 시와 마찬가지로 대타자의 존재를 인정하고, 그에 저항하면서도, 시를 쓰는 자신 혹은 시적 주체의 위치를 해체하고, 왜곡하고, 유희시킴으로써 오히려 대타자라는 존재의 분산화, 회화화를 도모한 반면에, 80년대의 리얼리즘 시는 시적 주체마저도 대주체로 설정함으로써 시 안에서 철저한 이분법적 구도를 설정하고 있었다는 사실이다. 이러한 대주체의 설정은 90년대의 생태시, 환경시, 일부 여성시 등에서도 드러나는 현상이다.

환유적 세계관을 가진 시인들은 현실을 일종의 기호들의 관계로 이해한다. 이것은 한 타자, 주체에 대한 다른 타자, 주체의 대체가 아니라 대상 내부에 내재한 기호들을 가지고 접근하려는 몸짓이다. 현실은 기호들의 의미 작용으로 채워져 있다. 이 기호들의 관계 밖에 객관적 현실은 존재하지도 않는다. 그리하여 한 시인이 현실을 환유적인 세계관으로 파악해 낸다는 것은 유기적인 세계관을 포기하고 파편화되고 미

시적인 세계로 자신의 현실을 파악한다는 의미이다. 물론 이때, 시니피앙의 결합 관계망의 구축이 가장 중요한 시적 맥락이 될 것이다. 그는 어떤 의미에서 시적 현실을 쟁취한 것이고, 어떤 의미에선 패러다임 전체를 조망할 욕심을 버린 것이다. 우리 시대의 현대성은 우리 시대의 리얼리티가 현현한다. 하찮음과 순간성이라는 파편의 획득 속에서 영원성이 획득된다. 그것이 우리 시대의 모더니티다. 그러나, 그럼에도 불구하고 우리는 모더니티 속에서 모더니티를 벗어나려 시를 쓰는 것이 아니겠는가.

90년대의 환유적 세계관을 가진 소서사의 시를 읽으면서 본질과 현상의 완전한 일치를 바랄 수는 없다. 시인이 현실을 재구성해 주길 기대할 수도 없다. 다만 가상의 위안을 거절하고, 기호 너머의 세계에 대한 희망도 가지지 않으며, 유추적 상상력도 포기하는 것이다. 그리고 시인이 마련한 소서사의 소용돌이에 동참하는 것이다.

시인이 아무리 무의식적이고, 충동적인, 혹은 넘치는 영감에 의지하여 시를 쓴다고 하더라도 그 시는 영원을 향하여 발설중인 것이 아니라 그가 맞대면한 현실, 그 현실을 향하여 발설하는 것이다. 무엇으로 말하는가? 그는 그가 구축한 시적 현실로 말하는 것이다. 그러므로 시의 문제는 살아 있는 문제들의 실재성으로부터 독립하여 존재할 수는 없다. 어떤 의미에선 문학이 생긴 이래 리얼리즘 문학이 퇴조한 적은 한번도 없었다고 단언할 수도 있다. 그것은 시적 현실이란 것이 미메시스의 문제가 아니라, 실재성을 어떻게 규정하느냐의 문제이기 때문이다. 그러므로 리얼리즘 문학이나 모더니즘 문학은 공히 앞으로도 계속 완성해 나가야 할 영원한 과제다. 현재 시인들이 시적 현실을 어떻게 규정하느냐에 따라서 시는 현실에 대한 이러저러한 기능을 하고, 현실을 통합시키고, 재구축하며, 문화의 가상 속에 떠 있게 되는 것이다. 이미지의 연쇄 고리로서 임의적인 질서나마 스스로 구축해 보는 것이다.

90년대의 시는 시적 주체로서의 시적 자아의 자리를 타자들의 자리에 내준, 그럼으로써 오히려 소서사적, 시적 현실을 구축한 시대다. 그것은 80년대 모더니즘 시의 존재론적 불안을 받아들이고, 주체 없는 주체성을 포기한 결과로서 가능한 것이었다. 90년대만큼 앰비규이티(ambiguity)가 계몽이 되는 시대는 없었다.

영화 「트루먼 쇼 The Truman Show」(Peter Weil 연출)의 트루먼은 자신을 둘러싼 모든 배역들이 배우들이고, 자기 또한 일생을 걸쳐 배우였다는 사실을, 모든 것이 세트이며, 태양과 달마저도 거대한 조명 기구라는 것을 왜 몰랐을까? 어느 시청자가 텔레비전 쇼에 출연한 감독에게 그 이유를 물었다. 그러자 트루먼 쇼의 크리스토퍼 감독은 대답했다(이 영화의 등장 인물들이나 사물들의 이름은 대개 기독교적 상징어들이다). "그는 한번도 현실성을 잃지 않았기 때문이죠."(이 이중적 역설의 대답을 들어 보라!) 마지막으로 모든 것(엄마도, 아내도, 도시도, 마음속의 상처도)이 감독과 시청자의 요구가 만든 가짜라는 것을 안 트루먼이 세트 밖을 나가려다 말고 물었다. "모든 게 가짜였죠?" 그러자 감독이 대답했다. "너만은 진짜(REAL)였어." 이 대답은 리얼(Real)은 외부적인 것이라기보다는 심리적 현실이란 얘기이기도 하고,

리얼(Real)이 트루(True)라는 대답이기도 하다. 시청자인 우리도 우리가 사는 이 "유니버설"한 스튜디오 같은, 에덴 동산 같은 현실에서 쫓겨나지 않으려면 이 현실성이라는 것을 도대체 잃어서는 안되겠지! 안 그러면 우리 삶의 현장인 이 스튜디오 밖으로 쫓겨나서 이 삶이라는 허식(Show)에 동참할 수도 없게 될 테니까.

혼자와 흐르는 자

90년대만큼 시에 대한 현장 비평이 소홀한 시대가 있었을까? 90년대 시 비평은 소통의 담론을 생산한 것이 아니라, 메타 담론 생산이라는 허명 아래 소통을 거부한 것이 아니었을까? 시의 전문 독자들은 시 작품 속에 내재한 시적 현실 읽기, 감식하기는 제쳐두고 시의 생사 문제와 정치적 담론 생산에 너무도 주력하지 않았던가? 시가 언제 상업주의 속에서도 살아 남기를 바라기라도 했단 말인가? 시는 팔리는 것이 아니라 교통하는 것이 아니던가? 존재를 열어 놓는 것이 아니던가? 어쨌든 작품은 제쳐둔 작품 밖의 무성한 논의는 시를 증발시키고, 시 나라의 새로운 징조들을 묻어 버렸다. 만약 이 세상에서 시가 사라진다면? 하고 누군가 묻는다면 아무도 슬퍼하지 않을 것이다.

그러나 이 세상에서 영화가 사라진다면? 하고 묻는다면 모두 굉장히 슬퍼할 것이다. 영화는 이제 신화의 저장고이며, 새 신화를 만드는 작업장이며, 나 대신 신화를 꿈꾸어 주는 공장이다. 이제, 우리에게 영화는 하나의 현실이고 고향이다. 그 영화 속에서 울고 웃는 만신들의 이름을 외우며 경배하는 것이 우리의 일상이다. 영화는 모든 것을 빨아들이고 모든 것을 내뱉는다. 영화보다 큰 입을 가진 것은 세상에 없다.

그러나 나는 영화가 유일하게 먹지 못하는 것이 있다면, 그것이 바로 문학이라고 생각한다. 영화가 삼키지 못하고 내뱉는 것 속에 문학이 있고, 시가 있다. 다음 세기엔 디지털로 말미암아 수많은 인디 영화사들이 범람할 것 같다. 개인 영화 회사, 일인 영화 회사들 말이다(이미 최근에 우리 나라에서 개봉한 덴마크 영화 「셀레브레이션」에서 목격한 바와 같다). 내가 근무하는 학교에서도 매스 미디어를 전공하는 학생들에게 동영상 이미지를 서비스해 작품의 밑그림을 제공할 계획을 짜고 있다. 그들은 이제 흐린 바다, 눈 오는 바다, 평온한 바다를 찍으러 일부러 날씨를 보아가며 바다로 가지 않아도 될 터이다. 이제, 수많은 사람들이 혼자 집에서 영화를 만들면서 소일할 것이다. 지난 세기에 날마다 영화 화면 앞에서 자신의 주체성을 잃어 버렸던 유년의 기억을 떠올리면서 말이다. 영화 분야에서도 시인들처럼 고독한 수공업자들이 많이 배출될 것이다. 그럴 때 영화의 가장 중요한 창작 재능은, 의식의 밑그림을 복원해 놓는 일과 구조화하는 능력, 디테일한 표현일 것이다. 마치 미래의 시처럼. 이미 시나리오 은행을 갖고 있으면서 수많은 스토리의 변용 능력을 기계적으로 보유한 할리우드에 맞서는 유럽 영화는 켄 로치(Ken Loach)처럼 디테일한 표현 능력과 구조화하는 능력이 가장 큰 예술적(?) 능력이 되고 있지 않은가?

실재와 재현된 현실의 혼돈은 더욱더 심해질 것이다. 우리는 날마다 뉴미디어 앞에서, 어느 세대를 막론하고 신세대일 것이다. 그때 시는 어디에 얼마나 있을까?

 우리 나라만큼 시가 대접받는 나라도 드물다. 우리 나라의 대형 서점에선 시집 코너가 언제나 서점의 문지방 곁에 있고, 그곳에 독자들이 심각한 얼굴로 시집을 펼쳐들고 서 있다. 심지어 지하철에서도 시집을 읽는다. 그 대신, 다른 나라들과 달리 우리 나라 사람에 의해서 우리 나라 사람들의 생애를 기록한 전기물 코너는 없다. 이렇다할 전기 작가도 없다. 아마도 그것은 문학 작품이 전기를 다 먹어 버려서 따로 전기를 쓸 필요가 없어서가 아닐까? 다시 말하면 허구가 전기와 사실을 다 먹어 버려서가 아닐까?

 우리 나라 문학 작품에선 소재적 의미에서나 구조적 의미에서 논픽션이 가장 중요한 문학적 현실로 취급당하는 나라다. 이것은 시나 문학 작품의 가장 중요한 언술 방법이 고백이라는 것하고는 차원이 다른 이야기이다. 이것은 문학적 현실과 역사를(아리스토텔레스가 이미 시가 역사보다 더 보편적인 것을 말한다고 하지 않았던가) 구별하지 못하는, 또는 여전히 문학이 도구적 존재라는 판단하에서 발생한 현상이다. 다른 장르보다 시에선 특히 개인적 삶의 고백이 가장 중요한 모티프다. 그러나 그 삶의 내용을 시적 현실로 감지하는 자, 구성하는 자가 시인이다. 삶의 내용은 시 안에서 역사와는 전혀 다른 방식으로 재구성됨으로써 시적(문학적) 현실, 소설적 용어로 말하면 허구가 되는 것이다.

 시는 침묵을 견디다, 견디다 못해 시인에게서 터져 나오는 비명과 같은 말이다. 그 비명을 언어로 구성해 놓는 방법이 시적 현실이다. 반영된 현실이라기보다는 현실 그 자체다. 그 현실 속에는 시인의 미시적 삶에 대한 탐구, 내면과 외면, 상위와 하위가 동시적으로 존재한다. 그렇게 흐르는 공간을 흐르는 자로서 종횡 무진하는 시인의 에너지가 바로 시적 현실이다. 시의 화자는 모나드처럼 창 없이 닫혀 있는 것 같지만, 노매드처럼 흐르는 자로서 흐르는 네트워크 속에서 한없이 열려 있는 자이다. 시의 화자는 허상이 아니라 상상력 속에서 자신의 삶의 코드를 움켜쥐는 자이다. 움켜쥐었다고 믿는 자이다. 그러나 무엇을 움켜잡았단 말인가. 손바닥 위엔 아무것도 없다. 우리는 이미 저만치 흘러가 있다. 그러기에 시적 현실이란 파편이고, 분열이고, 죽음이며, 무의식이다. 한마디로 공이다. 그 공이라는 시적 현실이 시인의 일상을 관통하며 흔적을 남긴다. 죽음이 시 언어 내에서 작동한다. 그 죽음이 작동한 흔적에 기대있으면 생명과 몸, 병, 사랑을 잇는 선들이 보이는 것도 같다.

쉼없이 가짜들을 생산하는 세기말의 일상 속에서 일상의 사물들을 몸으로 몸하면서 동시에 일탈을 꿈꾸어 본 그 자리에 90년대의 시라는 것이 존재하고 있었다. 그러나 부정적으로는 80년대의 리와인드, 혹은 그 이전 서정과 방법의 리와인드에 빠져 버렸던 시대이기도 했다. 90년대 시는 시인마저도 타자가 된 자리에서 타자의 얼굴들과 맞대면한 고백을 남겼다. 80년대와는 다른 모습을 한 전방위적인 죽음이 시인과 시적 현실을 모두 잡아먹은 자리에서 시인들이 흐르는 자로서 작은 흔적으로 타자들의 작은 세상을 펼쳐 보였다. 어느 시대와 다름없이 90년대에도 여전히 죽음으로써 죽음을 관통한 시들이 아름다웠다.

그리고 어느 장르보다 시야말로 고독한 수공업자의 독립 공장에서 생산되는 유통 불가능한 창작물임을 증명한 시대였다.

──토론

Q 김혜순 선생님의 강의를 들으면서 생각한 건데, 저는 그 동안 여성적 정체성 찾기에 너무 급급한 채, 살아오지 않았나 하는 생각을 했습니다. 그리고 선생님은 참 여유가 있는 분이구나 하는 생각을 했습니다. 많은 여성들이 자신들의 정체성이 무언가 알지 못해서 방황하고 있지 않나요?

A 혹시 그 정체성이란 것을 우리 사회 체제가 부과해 준 여성상 가운데서 찾고 있지 않은가 하는 질문을 저는 스스로에게 던지곤 합니다. 그리고 그 질문, 그러니까 "너의 정체성이 뭐냐"고 묻는 질문 자체를 뭉개 버려야겠다고 생각해 왔습니다. 이를테면 사회 체제가 요구하는 정체성과는 다른 모습을 제가 저의 시적 삶 안에서 구현해 내려는 것이지요. 그렇다고 해서 그 질문 자체가 사라지는 것은 아닙니다. 저는 질문을 뭉개는 방식을 통해 저에게 부과된 정체성과 대결을 하는 것이지요.

사회자 ── 선생님 시를 한 편 읽어보는 것이 어떨까요.

거울을 열고 들어가니

거울 안에 어머니가 앉아 계시고

거울을 열고 다시 들어가니

그 거울 안에 외할머니 앉으셨고

외할머니 앉은 거울을 밀고 문턱을 넘으니

거울 안에 외증조할머니 웃고 계시고

외증조할머니 웃으시던 입술 안으로 고개를 들이미니

그 거울 안에 나보다 젊으신 외고조할머니

돌아앉으셨고

그 거울을 열고 들어가니

또 들어가니

또다시 들어가니

점점점 어두워지는 거울 속에

모든 윗대조 어머니들 앉으셨는데

그 모든 어머니들이 나를 향해

엄마엄마 부르며 혹은 중얼거리며

입을 오물거려 젖을 달라고 외치며 달겨드는데

젖은 안나오고 누군가 자꾸 창자에

바람을 넣고

내 배는 풍선보다

더 커져서 바다 위로

이리 둥실 저리 둥실 불려다니고

거울 속은 넓고넓어

지푸라기 하나 안 잡히고

번개가 가끔 내 몸 속을 지나가고

바닷속에 자맥질해 들어갈 때마다

바다 밑 땅 위에선 모든 어머니들의

신발이 한가로이 녹고 있는데

청천벽력.

정전. 암흑천지.

순간 모든 거울들 내 앞으로 한꺼번에 쏟아지며

깨어지며 한 어머니를 토해내니

흰옷 입은 사람 여럿이 장갑 낀 손으로

거울 조각들을 치우며 피 묻고 눈 감은

모든 내 어머니들의 어머니

조그만 어머니를 들어올리며

말하길 손가락이 열 개 달린 공주요!

　　—「딸을 낳던 날의 기억」, 『아버지가 세운 허수아비』(1981)

 이 시에 대한 이야기를 해 보시지요.

시를 참 잘 낭독하시네요. 앞으로 그 분야로 진출해도 되겠어요. 여
성 시인이 시 속에서 사랑의 담론을 펼칠 때면 그녀는 언제나 어머
니예요. 그것은 여성 시인이 사랑의 담론 속에서 여럿인 "나"의 존
재 방식과 대상과의 관계를 어머니의 모습으로 펼친다는 말이에요.
이때, 어머니라는 존재는 그들이 규정한 대로, 그들의 여성, 그들의

안식처로서의 상징물, 상징으로서의 몸을 가진 존재가 아닌 스스로 몸을 연 존재라는 거죠. 어머니의 자리는 변방이지만, 그러나 어머니인 타자가 타자를 껴안는 자리예요. 어머니의 자리에서는 언제나 아이들의 목소리가 들려오죠. 그곳은 상징이나 은유라는 제도가 끼여들기 이전의 목소리들이 분절된 채 무수히 많이 들어 있어요. 여성은 자신의 타자들과 같은 위치에서 옹알이하고, 사랑하며, 대가를 바라지 않고, 베푼다고 의식하지도 못해요. 어머니는 존재 자체가 타자성인 거죠. 그러기에 유독 여성 시인들의 시 속에는 거울 단계 이전의 이미지들이 흘러 넘쳐요. 그래서 거울 속의 "나"는 없고, 거울 밖의 "나"도 없어요. 다만 무수히 많은 "나"를 증식중인 "나"가 있을 뿐이에요. 그렇다면 어머니 시인인 나의 시에서 "나"라고 명명된 나는 누구인가요? 그는 발화된 말이 타고 가야 하는, 시라는 공간 속에서 시간이라는 운명의 배를 타려고 일시적으로 구축해 놓은 시적 화자의 목소리일 뿐이에요. 그 "나"라는 시적 화자들이 거울이라는 고개를 한없이 넘어가는 거죠. 어머니는 타자성을 품은 존재이므로 또다른 타자의 세계로 쉬지 않고 넘어가요. 물론 이럴 때 "딸을 낳던 날의 기억" 같은 나의 몸의 경험이 가장 중요한 글쓰기의 기재가 되지요. 그 시는 출산시 실제로 보았던 어떤 무의식의 투영을 그대로 기록해 본 것에 지나지 않아요.

Q 시를 쓰고 난 뒤에 곡해되고, 잘 받아들여지지도 않고, 그럴 땐 어떤 생각이 드나요?

A 독자는 자기가 가진 그릇만큼 저의 작품에서 퍼 가는 것이겠지요. 그러나 시의 언술 자체에 대한 이해가 참 부족하기 때문에, 참담해지는 경우도 많아요. 소위 전문 독자인 평론가들도 시에 대한 기본적 태도가 계몽주의이거나 교양주의일 때가 많아요.

Q 선생님이 여성 시인은 언어를 발명해야 한다고 말씀을 하셨을 때, 저는 선생님의 언어 발명을 지금 떠올리고 있었거든요. 선생님의 첫 시집, 『또다른 별에서』에서 제일 첫 페이지에 실린 시, 「납작납작」을 보면, 그 시가 박수근 화법을 소재로 한 시인데, 박완서 선생님의 『나목』하고 비교가 되거든요. 박수근의 작품을 대하는 두 작가의 태도가 그렇게 다를 수가 없어요. 선생님은 언제나 해체와 방법론에 대한 나름대로의 모색을 하고 있었다는 느낌이 들어요. 『아버지가 세운 허수아비』에는 80년대의 서사에 대한 굉장한 요약이 숨어 있거든요. 그게 방법 속에 녹아 있지요. 선생님 시는 남성에 대한 대항 의식보다는 스스로의 창조를 통한 목소리를 내는 것 같아요. 대화체지만 독백형의 시들, 연극형의 독백형 시들, 그리고 초현실주의 소리가 나는 음성적 기법들, 아무튼 선생님 시들엔 서구적인 것과 한국적인 것이 질러져서 들어 있는 것 같아요. 그렇게 받아들이다가도 메타적 성숙함 때문인지, 아니면 제가 몸 담론 속으로 깊이 침잠하지 못해서인지, 가끔 이해 못하는 시들이 있거든요. 제가 따라가지 못해서 한계를 느끼는 경우가 있거든요. 선생님의 에너지를 어떻게 받을 수 있을지요?

A 제가 알기로는 질문자가 의사 선생님이라고 알고 있는데 질문이나,

제 시에 대한 이해가 굉장히 깊으시네요. 글쎄, 저는 다 이해가 되는데, 그렇지 못하시다니 걱정이 되네요. 시도 컨텍스트를 공유할 때 더 잘 읽히겠지요.

Q 80년대엔 여성 시인이 몇 안 되었지요? 저는 고정희 시인의 시를 읽으면서, 한신대 시절 시를 참 좋아했어요. 그런데 그분이 장시를 쓰실 땐 여성 운동이라는 것에 지나치게 강박적이구나 그런 생각을 했어요. 그렇지만 이 선생님이 여성성에 대한 천착을 시작하면 정말로 좋은 시가 될 거야 하고 생각을 했거든요. 그런데 지금 90년대의 여성시를 읽으면 아주 경쾌하거든요. 자신들의 몸에 대한 이해도 있고요. 참고로 말씀 드리자면 저는 서른세 살입니다. 그런데 지금 이십대의 시를 읽으면서 느끼는 또 하나의 괴리감은 그들의 정서를 제가 가지고 있지 않다는 거에요. 여성학을 배우고 자란 세대와는 제가 또 다르다는 거죠. 그런데 지금 와서 고민은 제가 어떻게 여성의 말로, 그것도 새로운 언어로 내 말을 만들어 가야 할지 모르겠다는 거에요. 남성과 여성 사이에 사랑한다는 말이 통용되는 것처럼 두 레즈비언 사이에서도 그 말이 통용될지 모르겠어요. 저는 그 두 종류의 사랑이 다르다고 생각하거든요. 만약 이성 집단의 말을 차용해서 둘이 그 말을 쓴다면 이게 전혀 이해가 안 되는 거 아닌가요? 그래서 이런 부분들이 약간 혼돈, 혼란스럽고 여성의 말을 만드는 것이 어떤 훈련이 필요한 게 아닌가, 아니면 의도된 모독의 말이 필요한 게 아닌가 이런 생각을 하곤 해요. 말하자면 선생님은 어떻게 선생님의 방법론을

개발하셨냐 그런 질문이지요.

A 여성시의 가장 밑바닥에는 아무래도 여성의 경험이라는 것이 있겠지요. 그 경험으로부터 방법이 나오는 것이지요. 사유 경험과 정서 경험이 아우러져서 말이에요. 시는 본래 내용과 형식을 분리할 수 없는 거 아니에요? 그러니까 사랑의 내용이 다르면 사랑의 형식도 다를 수밖에 없겠지요? 내가 레즈비언이면 레즈비언의 방식이 나올 수밖에 없겠지요. 레즈비언으로서의 언어를 찾기에 노력하겠지요. 그들, 헤테로들의 말이 싫을 거 아니겠어요? 그러나 방법이 우선일 수는 없겠지요. 삶의 자리에서 방식이 나오고, 고통스러운 언어가 나오는 것이겠지요. 저는 수업 시간에 "왜 썼니?" 하고 시를 쓰는 학생들에게 잘 물어 봐요. 어떤 사유와 정서 경험이 있었냐고 묻는 것이지요. 그래, 어느 날 학교에 갔더니 대자보가 붙었어요. 어떤 학생이 시 형식으로 대자보를 썼어요. 자기가 무림 강호에서 다다 검법, 초현실 검법, 키치 검법 등등을 수도하고 학교란 곳에 왔는데 조그만 여자가 "왜 썼니" 검법을 휘두르자 그만 나가떨어졌다고 하더군요. 저도 먹물이 조금 든 인생 아니겠어요? 그러니 시를 쓸 때 그 먹물이 가만히 있을 리가 없어요. 할 수 없이 먹물이 시에 스며들겠지만, 어쩔 수 없이 그 시의 자리가 제 자리라고 생각해요.

Q 80년대의 시의 유통 방식하고, 90년대의 유통 방식이 달라진 점이 있나요? 여성 언어의 유통 방식은 달라야 하지 않을까요? 김혜순 선생님은 굉장히 접촉적인, 살적인, 느낌이 강한 언어를 구사하시잖아

요? 그 언어가 유통되려면 유통 방식 자체에 굉장한 변화가 와야 할 것 같아요. 키치적으로 언어를 유통하는 아이들이, 기표의 의미를 키치적으로 유통하는 아이들이 과연 시를 유통할 수 있을까 하는 의문이 생기거든요.

A 90년대에 와서 시집의 유통 방식은 별로 달라진 점이 없다고 할 수 있지만, 시의 유통 방식은 달라졌다고 볼 수 있죠. 이를테면 90년대엔 이 시를 써서 어디에 써먹고, 누구를 계몽시킬 거고, 무엇을 고발할 거냐 하는 질문은 덜 했겠죠. 여성 언어의 유통 방식은 일단 여성 언어의 폭발적 증가 후에 생각해 보도록 하죠. 잘못 하면 모두 상업주의가 먹어 버려요. 그러나 키치적 언어 유통을 하는 아이들을 향한 시의 유통 방식에 대한 생각은 제 한계를 넘어서는 일이에요. 그 세대에게서도 그들의 언어를 가진 시인이 나올 거라는, 또는 그런 언어가 시가 될 수 있다는 얘기는 할 수 있겠죠.

Q 아까 영원한 반체제 시인은 없다고 하셨는데, 정말 동감이에요. 그런 의미에서 여성들이야말로 반체제 시인이겠지요. 그런데 반체제 시인은 다 어디로 갔나요?

A 80년대 이전에 존재하던 모델을 찾아 다 떠나 버렸어요. 새로운 모델을 창조한 건 아니고, 근대 이전 혹은 근대의 표면 속으로 떠나갔다고 거칠게 말해 볼 수 있겠네요.

근대, 동양 여성이 가지 않은 길

— 서양 무대에 재현된 동양 여성들에 얽힌 이야기

우미성

여러분께 오늘 옛날 얘기를 하나 들려 드릴까 한다. 우리가 통상적으로 "서양" 하면 떠올리는 유럽과 미국의 무대가 그려 내고 있는 동양 여성에 관한 이야기이다. 아주 오랜 옛날은 아니지만, 때는 150여 년 전으로 거슬러 올라간다. 고등학교 역사 시간에 한번쯤은 이름을 들어 봤을 페리호를 기억하는가? 매튜 페리가 이끄는 미국의 상선이 조용한 섬나라였던 일본의 쿠리하마 만에 정착해 교역을 요구하기 시작한 1853년부터 유럽인들은 본격적으로 극동 아시아 지역에 관심을 가지기 시작했다.

1870년대부터 1880년대에 걸쳐 소위 말하는 "일본풍 유행"과 "오리엔탈리즘"이 유럽 사회를 열병처럼 휩쓸고 지나간다. 일본으로부터 수입된 도자기나 그림, 부채, 우산, 기모노 같은 것들이 유럽의 상류 사회에서 엄청나게 유행되기 시작했고 더불어 동양적이라고 생각되는 모든 것들이 유럽인들의 관심을 끌었다. 이 시기는 또한 유럽을 휩쓸던 낭만주의의 영향 때문에 작가나 군인, 선교사, 예술가들이 개인의 꿈과

1870-80년대 유럽을 휩쓸었던 동양 열풍.
상류층 귀부인들이 동양풍 장식을 즐겼다.

자아 실현 그리고 낯선 세계나 이국에 대한 동경 때문에 아시아를 향해 떠나기 시작했던 때이기도 하다. 잘 알듯, 고갱이 타히티와 같은 태평양 연안 지역의 섬나라로 갔던 시기도 바로 이때였다. 고흐, 휘슬러, 로제티, 세자르 같은 화가들이 일본의 판화에 영향을 받아서 동양적인 그림을 그리기 시작한 것도 바로 이때였다.

"오리엔탈 쇼"

이런 동양 유행은 유럽인들이 즐기던 공연에도 영향을 미쳤다. 1860,

70년대 유럽에서는 벌레스크와 엑스트래버갠저라는, 여성들의 춤, 노래, 스트립을 곁들인 일종의 버라이어티 쇼가 인기를 끌었다. 음악과 춤, 여배우들의 집단적인 등장을 주무기로 삼았던 이 버라이어티 쇼들도 동양풍의 의상이나 분장이 가미되어 "오리엔탈 쇼"라고 광고되면 관객들이 몰려들었는데 당시의 공연 포스터를 보면 유럽 여배우들이 캉캉 의

1800년대 중반 프랑스 파리에서 공연된 오리엔탈 쇼 「르 뢰브」. 엉터리 일본 이미지 재현이 흥미롭다.

상이나 발레복에 기모노 가운만을 걸친 국적 불명의 기묘한 차림들이 그때 당시의 동양 유행을 잘 말해 준다.

흥미로운 것은 언제나 동양 남성보다는 동양 여성의 몸이 "동양"을 재현하는 데 가장 적합하기라도 한 듯 서양의 연극에서는 언제나 동양 여성이 등장하곤 하는데 이런 양상은 오늘날의 광고나 영화에서도 별로 달라진 게 없다. 이것은 동서양을 막론하고 남성들이 주도하는 재현의 역사 속에서 여성의 몸이 언제나 문화적, 국가적 상징이 되기 때문이다. 즉, 허구 세계에서나마 "너희들의 여자를 소유하는 것은 바로 너희 문화 전체를 소유하는 것"이라는 남성 중심적 환상이 빚어낸 결과이다. 게다가 이 당시 유행했던 유럽의 연극 무대에서는 70% 정도를

1885년 「미가도」에서의 동양 여인의 모습과 대조적인 같은 극단의 「해적」에 등장한 서구 여인의 모습.
같은 시기에 등장한 대조적인 이미지가 인상적이다.

차지하는 대다수의 남성 관객들이 스타 여배우들의 공연을 주로 즐기던 시기였다.

이러한 공연에서의 여배우들의 이미지는, 초기에는 낭만적이고 남성의 입장에서 볼 때 이상적인 여성상이었으나 여자들만이 대거 출연하던 공연물이다 보니 마치 우리 나라의 여성 국극에서처럼 여배우가 남자역을 맡기도 하면서 변질되기 시작한다. 점차 여배우들이 전통적인 의미에서의 남성성을 재현해 내기도 했던 것이다. 영국을 비롯한 유럽에서 당시 가장 인기를 누리던 길버트와 설리반 콤비의 「해적」(The Pirates of Penzance)과 같은 작품에서는 남성보다도 더 남성적인 건장하고 강건한 여성 해적들이 등장한다. 벌레스크와 엑스트래버갠저가 카리스마를 갖춘 강인한 여성 스타들을 여럿 배출하며 초기의 이미지가 변모하자 당시만 해도 극장 관객의 70% 이상을 차지했던 중산층 남성들은 여성들의 그런 위협적 이미지를 달갑지 않게 여기기 시작했을 것으로 추정된다. 중산층 남성 관객들은 자기들만의 고상한 취향에 맞고 내재된 성적 욕구도 만족시켜줄 새로운 여성상을 찾기 시작했던 것이다.

그런데 동시대의 동양을 배경으로 한 작품에서는 너무나 대조적인 여성의 이미지, 즉 전통적인 개념에서 볼 때 순종적이고 연약하며 유아적인 여성들이 등장하고 있다. 여기서 유추 가능한 점은, 남성 관객들에게 위협적인 존재로 변질되기 시작한 벌레스크와 엑스트래버갠저에 등장한 여성들의 이미지를, 동양 여주인공들이 대체하기 시작한 것이 아닌가 하는 것이다. 이런 전통(?)에 결정적으로 기여한 공연이 바로 길버트와 설리반의 「미가도」(The Mikado)였다. 1885년에 공연된 「미가도」는 본격적으로 동양을 배경으로 이야기가 짜여진 상업적으로도 성공했던 최초의 작품이다. 이 「미가도」에서 가장 인기 있던 인물은 "세 명의 하녀들"이었다. 작사가, 작곡자였던 길버트와 설리반은 하녀 역을 맡은 영국 여배우들의 키가 우연히 똑같아서 코러스로 등장하는 "세 하녀들"이라는 캐릭터를 고안해 냈다고 회고록에서 쓰고 있다. 세 여배우들의 공연 사진을 보면, 서로의 등에 기대고 잔뜩 몸을 움츠린 채 유혹적인 시선으로 카메라를 바라보는 모습이 집단적이고, 상호 의존적이며 유아적인 느낌을 주고 있다. 이 여배우들의 춤과 노래가 엄청나게 인기가 있어서 공연이 끝나면 서너 번의 앙코르를 받곤 했다는

최초로 상업적 성공을 거둔 동양극 「미가도」에서
가장 인기 있었던 "세 명의 하녀들"

기록이 있다.

흥미로운 것은 이 당시 서양 연극에서의 동양 여성은 유럽의 백인 여배우들이 분장, 의상, 연기로 재현해 내는 무늬만 동양 여성들일 뿐이었다는 사실이다. 그러다 보니 동양 여성의 이미지는 유럽 관객들이 "동양적"이라고 여길 만한 시각적인 표식들로 재현되었다. 당시 유럽인들 중 실제 동양에 가 본 적이 있는 사람은 극소수였고 오늘날처럼 문화 교류가 활발하던 때도 아니었기 때문에 검은 머리 위의 과장된 꽃 장식이나 화려한 기모노, 가늘게 찢어진 눈매, 직접 일본에서 수입해 왔다는 부채, 사미센과 같은 소품들이 동양을 배경으로 한 공연에는 단골로 등장했다. 그보다 더 문제였던 것은 배우들의 과장된 연기였다. 기록에 의하면 연출자들은 서양인들이 동양인들보다 월등하게 체격이 크다고 믿었기 때문에 배우들로 하여금 어깨를 잔뜩 움츠리거나 무릎을 구부리고 눈을 내리까는 등 외형적으로 "왜소한" 동양인을 표현하도록 요구했고 그런 과장되고 기괴하기까지 한 연기 스타일로 인정받는 동양극 전문 배우들마저 생겨났다는 것이다.

「미가도」는 영국 이외의 유럽과 미국에서도 장기 공연되어 많은 관객을 끌었고 길버트와 설리반의 사보이 극장 수입에 크게 이바지했기 때문에 이들은 극장의 재정 수입이 어려울 때마다 리바이벌을 계속했다. 1908년에 재공연된 「미가도」의 공연 사진을 보면 엄청나게 큰 규모의 엑스트라와 화려한 무대 장치가 눈에 띈다. 19세기 말에 시작된 이러한 경향, 즉 동양을 배경으로 한 공연의 기획자들이 무엇보다도 시각적인 요소에 가장 많은 비용을 투자하는 경향은 거의 한 세기 뒤인 1990년대까지도 계속된다. 그럼에도 불구하고 동양인인 우리 입장에서 보면 그러한 시각적 요소들은 대부분 국적 불명이어서 동양의 역사적 고증이나 사실과는 거리가 먼 뒤죽박죽의 이미지이다. 일본이 배경이면서도 무대 장치는 태국인 듯 보이기도 하고 인도네시아나 심지어 이집트와도 같은 이미지이다. 그러니 외형부터가 사실적인 재현에 실패한, 왜곡된 동양의 모습이라고 볼 수 있다.

정치 풍자극이라 할 수 있는 「미가도」는 배경만 일본을 빌렸을 뿐이지 사실은 당시 영국 귀족 사회의 위선을 풍자하고 있다고 볼 수도 있겠다. 그럼에도 불구하고 당시 영국과 유럽 전역을 휩쓴 일본 열풍 때문인지 동양극이라는 이미지가 더 강조되어 이 공연이 재현하고 있는 일본은 당시 유럽인들의 동양 문화권 이해에 결정적인 영향을 주었다. 「미가도」가 재현하고 있는 일본은 유럽인들의 시각으로 볼 때 합리적

초창기 동서양 로맨스의 선풍을 일으켰던 「산토이」(중국판 나비 부인)와 「게이샤」

인 사고와는 거리가 먼, 희극적일 만큼 위선적이고 과장된 사회이다. 마을 사람들의 애정 관계까지도 통제하고 간섭하는 절대 권력자 미가도의 위세 때문에 공포에 떨면서도 저항하지 못하고 거짓 충성과 아부에 여념이 없는 동양인들은 우스꽝스럽고 황당무계하여 만화적이기까지 하다. 「미가도」의 상업적인 성공 때문인지 이 작품에서 가장 인기가 있었던 "세 명의 하녀들"과 유사한 동양 여성을 주인공으로 내세운 작품이 이후 여러 편 등장하기 시작한다. 그 대표적인 예가 바로 1896년의 「게이샤」(The Geisha)와 1899년의 「산 토이」(San Toy)라는 작품이다. 「게이샤」는 일본을 배경으로, 「산 토이」는 중국을 배경으로 영국 군인이 동양 여성과 벌이는 애정 행각을 다룬 작품들이다.

서양 남자와 동양 여자의 비극적 사랑 :
「라크메」와 『로티의 결혼』

영국에서의 동양을 배경으로 한 공연이 주로 희극적인 뮤지컬이었다면 같은 시기 바다 건너 프랑스, 이탈리아와 같은 유럽 대륙에서는 심각하고 비극적인 색조의 동양을 배경으로 한 오페라가 더 인기 있었다. 서양 남자와 동양 여자의 비극적 사랑을 그린 본격적인 최초의 서양 오페라는 1883년 프랑스에서 선보였다. 오페라 비평가들에 의해 레오 델리브의 마지막이면서, 최고의 걸작으로 꼽히는 「라크메」(Lakmé)의 배경은 인도다. 당시 영국은 인도를 통치하던 중이었고, 일본 전시회가 파리 시민들을 매료시키던 때였으므로, 「라크메」 역시 대단한 관심 속에 막을 올렸다.

라크메는 브라만 승려인 닐라칸따의 딸. 닐라칸따는 종교 활동을 탄압하는 영국인들을 피해 딸과 함께 숲 속에 은거하며 영국의 멸망을 기원한다. 닐라칸따가 설교를 위해 마을에 간 사이, 영국 장교 제럴드는 라크메를 발견하고, 둘은 사랑을 나눈다. 돌아온 닐라칸따는 분노하고 성스러운 자기만의 성전과 자신의 딸을 더럽힌 범인을 찾기 위해 장터로 나가, 범인을 유인하기 위해 딸로 하여금 노래를 부르게 한다. 사랑스런 라크메의 목소리를 알아차리고 나타난 제럴드. 그를 발견한 닐라칸따는 검으로 제럴드를 찌른다. 이미 사랑에 빠져버린 라크메는 자신의 노예와 함께 제럴드를 숲 속의 오두막으로 달아나도록 도운 뒤 그녀만 알고 있는 약초의 비방으로 제럴드를 치료한다. 둘은 영원한 사랑의 서약을 나누고, 둘만의 결혼 의식을 위해 라크메가 성수를 뜨러 간 사이, 영국 장교인 프레데릭이 제럴드를 발견하고, 군대로 돌아갈 것을 권유한다. 조국인 영국이 자신을 필요로 한다는 생각과 사랑 사이에서 갈등하는 제럴드. 라크메는 그의 고뇌를 덜어주기 위해 독이 든 약초를 깨물어 자결한다. 서양 남성을 살린 약초의 비방이 동양 여성 자신에게는 자결의 수단으로 사용되는 것이다. 자신을 안은 제럴드에게 라크메는 그로 인하여 최상의 행복을 경험했노라 말하며 죽어가고, 뒤늦게 달려 들어온 아버지는 딸의 영혼이 영생할 것을 기원하며 비탄에 빠지고 오페라는 막을 내린다.

깊은 숲 속의 성전과도 같이 아버지의 보호를 받던 라크메의 몸과 마음은 인도가 영국에 의해 침공당했듯이, 숲을 지나던 영국 장교 제럴드에 의해 쉽게 침공당한다. 조국과 아버지의 원수인 영국인과 사랑에 빠진 동양 여성이라는 주제는 이후 대부분의 동양 여성을 주인공으로 한 연극과 영화의 단골 메뉴가 된다. 그러나 서양 무대는 서양인과 동양인의 행복한 결합을 용납하지 않는다. 이 오페라는 영국과 인도를 철저한 이분법에 의해 탄압하는 자와 탄압받는 자로 형상화하고 이런 단순한 이분법은 등장 인물을 일차원적이고 도식적으로 만든다. 인도인은 승려조차도 복수심에 불타 서슴지 않고 살생을 저지르는 자로 등장하고, 영국인은 성전이든 남의 나라이든 여성의 몸이든 침략을 일삼는 인물로 등장한다.

라크메의 원작은 1880년에 출판된 『로티의 결혼』(Le Mariage de Loti)이라는 소설이다. 작자인 피에르 로티의 본명은 루이 마리 줄리앙

뷔오드였다. 프랑스의 해군인 로티는 중동, 북아프리카, 터키, 타히티, 동남아시아, 일본, 중국, 한국까지 여러 나라를 항해하면서, 가는 곳마다 가진 원주민 여자들과의 관계를 바탕으로 때로는 자전적인, 때로는 허구의 로맨스를 50여 권 이상 출판하였다. 그의 책은 거의 모든 유럽 국가와 미국에 번역 출판되어 읽힘으로써 한번도 다른 문화를 경험해보지 않은 서양인들에게 동양 문화를 간접 경험하게 하는 결정적인 기회를 제공한 셈이다. 로티는 프랑스 아카데미 회원으로 추대되었을 뿐만 아니라 영국과 미국 방문 때에는 빅토리아 영국 여왕, 루즈벨트 미국 대통령의 영접을 받기도 했다는 기록이 있을 만큼 문화계 인사로서 인정받는 유명인이었다. 「라크메」는 로티의 타히티에서의 로맨스인 『로티의 결혼』을 에드몽 곤디네와 필리프 질르가 오페라로 번안한 것이다.

『로티의 결혼』에 등장하는 타히티는, 온갖 제도와 사회적인 규율, 계몽주의와 이성으로 대표되는 유럽과는 대조적으로 유럽인인 로티의 어떠한 성적 탐닉도 제지하지 않는 무법 천지의 낙원으로 그려지고 있다. 뿐만 아니라 소설 속의 로티가 동거하는 타히티의 소녀는 문명의 혜택과는 거리가 먼 원시인으로서 로티의 애정을 최고의 가치로 여기는 주인공으로서 로티가 섬을 떠나자 매춘에 몸을 던지고 결국 폐렴으로 죽어가는 인물로 묘사되고 있다. 로티의 대부분의 소설이 드러내는 공통점 중의 하나는 남자 주인공 로티가 떠난 뒤 동양 여성 대부분이 타락의 길을 걷거나 삶의 의미를 잃고 자결하는 것으로 막을 내린다는 것이다. 물론 실제 있었던 일과는 거리가 먼, 로티 혼자서 꿈꿔본 희망

「나비 부인」의 원조인 『국화 부인』의 저자 피에르 로티의
한창 젊은 해군 시절의 모습.

사항이었을 뿐이다. 하지만 그의 소설들이 언제나 자신의 이름을 남자 주인공으로 내세우고 있고, 실제 동양에서의 경험을 바탕으로 한 자전적인 내용이라고 알려졌기 때문에 그의 소설을 읽는 독자들은 어디까지가 허구이고 어디까지가 사실인지 가려낼 도리가 없었다. 로티가 묘사하고 있는 동양 여성과 동양 문화는 거의 걸러지지 않은 채 독자들에게 사실로서 받아들여졌던 것이다. 어쨌든 이 소설에서 타히티의 분위기는 「라크메」에서의 인도 밀림의 분위기로 그대로 전환되어 무대에 올려졌다. 오페라 「라크메」는 1883년 4월 파리에서의 초연을 시작으로, 시카고의 그랜드 오페라 하우스에서 같은 해 미국 공연의 막을 올린 뒤 1884-85년에는 메트로폴리탄 오페라 하우스에서, 「라크메」 특유의 몽환적인 이국 정서로 관객들을 사로잡았다. 오페라 평론가들은 인도의 밀림을 형상화한 무대부터가 이국 정서를 만끽하기에 충분했다고 적고 있다.

「나비 부인」의 기원, 로티의 『국화 부인』

몇 해 뒤, 로티는 일본에서의 6개월 동안의 경험을 바탕으로 「나비 부인」 탄생의 근원이 되는 소설 『국화 부인』(Madame Chrysanthème)이라는 작품을 출간한다. 1885년 여름, 일본의 나가사키에 주둔하게 되는 로티는 "노란 피부와 고양이 눈, 검은 머리칼을 가진, 인형만한 동양 여자"와 결혼하겠다는 환상을 갖고, 닻을 내린 바로 다음날 빗속을 뚫고 가 중매쟁이를 만난다. 여성과의 관계를 낯선 나라를 알아가는 최초이자 필수적인 관문으로 삼는 로티는 개인적인 성적 욕구에 눈이 멀어, 진정한 의미의 문화 경험을 할 기회를 잃고 만다. 그는 며칠 기다려 보라는 중매쟁이를 다그쳐, 결혼할 예정도 아니었던, 열일곱 살의 기꾸산(국화 부인)을 사, 계약 결혼에 들어간다.

『국화 부인』은 아시아를 배경으로 한 그의 다른 소설과 마찬가지로, 동양 여성에 대한 언어의 폭력과 비하가 넘치는 작품이다. "저렇게 작은 머리로 도대체 어떤 생각을 할 수 있을까? 말이 통하지 않으니 알 수가 있나… 하지만 저 애가 뭔가 생각할 수 있는 확률은 천 분의 일이야… 비록 생각을 한다 한들, 내가 신경 쓸 이유가 없지… 나 자신을 즐기기 위해 저 애를 골랐으니 다른 일본 애들처럼 아무 생각도 없으면 좋겠군"이라고 로티는 서슴없이 말한다.

자아 도취에 빠진 저자 로티가 묘사하고 있는 남자 주인공 로티는 외국어에 능통하고, 모든 낯선 문화에 쉽게 적응하는 능력을 가졌으며, 모든 여성을 원하는 대로 매료시킬 수 있는 매력적인 주인공이다. 그에 반해, 로티가 형상화하고 있는 동양 여성은 어린애처럼 유치하고, 원시적이며, 지적인 사고 능력이 모자라고, 수동적인데다, 모두 똑같은 얼굴과 생각을 가진, "원숭이나 개와 거의 다르지 않은 동물과 같은" 존재들로 그려진다.

기꾸산의 내면에 무관심한 로티는, 어린 나이에 가족을 위해 한 달에 20달러라는 돈을 위해 팔려와 있는 소녀의 우울함을 이해하려고도 하지 않는다. 오히려 자신을 맹목적으로 사랑하지 않는 것 같은, 아니 자신의 절친한 친구이자 기꾸산의 아름다움을 가장 먼저 발견하고 그녀를 선택하도록 로티에게 귀뜸해 주었던 동료, 이브를 더 좋아하는 것으로 보이는 기꾸산 때문에 자존심이 상한 로티는 잠든 그녀를 내려다보며, "커다란 허리끈이 달린 화려한 기모노를 벗어 버린 일본 여자의 몸은 아무것도 아닌 하잘것없는 존재다. 다리는 휘었고, 평평한 가슴은 보잘것없는 황인종에 지나지 않는다"고 내뱉는다.

기꾸산에 대한 로티의 멸시는 아시아의 인종, 문화, 종교 전반에 대한 멸시의 일부분일 뿐이다. 소설의 후반부에서 로티는 "황인종들의 행동은 어리석고 기괴함의 극을 이룰 뿐만 아니라, 그들의 관습도 이상하다"고 결론짓고, 불상에 예를 올리는 기꾸산을 보며, "미신 섞인 오래된 관습에, 중국 상인들이 인도에서 중세에 들여온 개념이 뒤죽박죽된, 잡동사니 신학이 저 어리석은 머리에 들어갔으니 도대체, 신이며 죽음 등에 관해서 무슨 개념이나 있겠나?"라고 독백한다.

오늘날 우리가 아는 「나비 부인」의 비극적인 결말과 달리 『국화 부인』의 결말은 어찌 보면 대단히 희극적이다. 나가사키를 떠나는 날, 마지막으로, 헤어지는 아픔에 상심해 있을 기꾸산을 보려고 언덕 위의 집에 몰래 들른 로티는 자신이 지불한 금화가 진짜인지 아닌지 확인하기 위해 망치로 두드려 보고 있는 기꾸산을 보게 된다. 자존심이 심하게 상한 로티는 "이 결혼 역시 내가 계획했던 대로 장난으로 끝나길 바랄 뿐이야"라며 자신을 실망시킨 짧은 계약 결혼에 아무런 의미도 미련도 두지 않으려는 듯 스스로를 위로하며 기꾸산이 이별의 선물로 건네주었던 화환을 바다 위에 던져 버린다. 어린 기꾸산도 분명히 파악하고 있던 계약 결혼의 본질을 그 광경을 통해 재확인한 로티는 낭만적 환상과 남성으로서의 자존심에 상처를 받아 기꾸산을 포함한 모든 아시아 여자에 대한 자신의 애정 결핍을 정당화하며 역시 몽골 계통은 자신의 취향이 아니라고 되뇌인다.

파리의 오페라 하우스와 훗날 영국의 왕립 극장 코벤트 가든의 감독으로 활동한 프랑스 작곡가 겸 연출가 앙드레 메사게르(1853-1929)는 책으로 확고한 독자층을 구축한 로티의 『국화 부인』을 프롤로그 — 4막 — 에필로그로 구성된 바그너식의 장중한 오페라로 만든다. 파리에서 1893년 1월에 막을 올린 오페라「국화 부인」은 1920년 1월 미국에서도 첫 막을 올린다. 이 오페라에 대한 기록이 자세히 남아 있지 않은 것으로 보아 대단히 성공적이진 않았던 것으로 추정되는데, 오페라 역사가인 헨리 크레비엘은 오페라 자체가 지나치게 원작에 충실해서 일본을 사실적으로 묘사했기 때문에 서양인들 마음에 큰 감흥을 주지 못한 것이 실패의 원인이라고 분석한다. 그의 주장에 의하면 오페라의 주인공이 되기에는 기꾸산이 지나치게 현실적이었다는 것이다. 그의 분석이 맞기라도 한 듯, 몇 년 뒤 여주인공을 새롭게 변모시킨 단막극 「나비 부인」은 서양 연극사에 길이 남게 되니 아이러니컬한 일이 아닐 수 없다.

로티의 소설들 그리고 그를 형상화한 위의 두 오페라가 그렇듯 동양을 배경으로 한 19세기 말 서양의 소설, 희곡, 단막극, 오페라들은 대부분 비극으로 끝나는 동서양 인종간의 사랑이라는 멜로 드라마 형태를 취하고 있고 그런 이야기 구조 속에서 동양 여성은 언제나, 사랑이라는 종교의 신봉자로서 서양의 연인을 맹목적으로 사랑하고 그를 위해 희생하는 순교자로 묘사되고 있다. 서양 남성과 사랑에 빠지는 동양 여성은 언제나 예외 없이 몸과 마음 모두가 순수의 상태인 어린아이에 가까운 처녀이다. 동양은 서양인들의 성(性)적 욕망과 몽환적인 판타지를 충족시켜줄 무법 천지의 파라다이스, 모더니즘이 휩쓸고 지나가지 않은 원시의 땅으로 그려졌을 뿐만 아니라, 동양 여성의 몸은 동양 문화권 전체를 상징하는 하나의 땅, 남성적인 서양이 원하기만 하면 언제든 차지할 수 있는 영토가 되어 서양 남성들에 의해 뚫리고 밟히고 지배된다.

「나비 부인」 신화의 창조자인 피에르 로티는 양성애자였다. 우리는 그의 동성애적 취향을 비난할 이유도 없고 그래서도 안 되겠지만 철저하게 남성 중심이면서 이성애의 전형인 「나비 부인」과 같은 이야기의 원작자가 동성애자였다는 것은 아이러니가 아닐 수 없다. 동성애를 범죄시하고 금기시 했던 당시 유럽 사회에서 자신의 명예를 지키기 위해 이성애자임을 강박적으로 강조했던 로티의 연극적인 삶 자체가 바로 그의 소설이나 오페라보다도 더 극적이라고 할 수 있겠다. 로티는 물론 결혼도 했지만 대부분의 생활을 외국에서 보냈기 때문에 부인과의 결혼 생활은 형식적인 것이었다. 로티가 세상을 떠난 뒤 그의 두 아들은 아버지의 동성애가 기록된 일기나 소설들을 대부분 없애 버렸다. 하지만 여전히 연인인 조셉 버나드의 사진이라든가 열정적이고 짜릿한 삼각 관계를 즐긴 기록들이 남아 있다.

「나비 부인」

1898년 1월 필라델피아의 법률가이며 작가인 존 루터 롱은 미국의 『센추리 매거진』(Century Magazine)에 로티의 작품과 거의 유사한 단편 「나비 부인」을 발표한다. 롱은 한번도 일본에 가 본 적은 없었지만, 선교사인 남편을 따라 일본에 가 있는 누이의 얘기를 통해 일본에 대한 나름대로의 상상력을 발휘해 일본을 배경으로 한 단편을 여러 편 출판한 사람이다. 그러나 롱의 「나비 부인」의 경우, 누이의 영향보다도, 영어로 번역되어 미국에서도 인기를 끌던 로티의 『국화 부인』의 영향을 더 많이 받았을 것으로 추정된다. 그 이유는 이 단편의 주인공 핀커튼이 이기적이고 시니컬한 인물로 묘사되어 있고, 그의 대사의 대부분이 로티식의 야유인데다, 로티의 친구인 이브 대신 핀커튼의 친구인 영사 샤플리스, 중매쟁이 캥구루 대신 고로 등 등장 인물이 『국화 부인』과 너무나 유사하기 때문이다.

　롱의 단편 소설은 발표되자마자 미국 내에서 엄청난 반향을 일으켰

데이비드 벨라스코 연출의 「나비 부인」의 한 장면. 돌아오지 않을 남편을 기다리지 말라는 중매쟁이에게
남편을 모욕하면 죽이겠노라 협박하는 조초산.

데이비드 벨라스코 연출의 단막극 「나비 부인」의 마지막 장면.

160 "근대", 여성이 가지 않은 길

고, 너도나도 판권을 사겠다고 나섰다. 롱은 당대 브로드웨이 최고의 프로듀서 겸 연출가인 데이비드 벨라스코에게 판권을 넘기고 둘은 합작으로 단막극 「나비 부인」을 탄생시킨다. 미국 연극사에서 리얼리즘의 아버지라 할 수 있는 벨라스코는 진짜 같은 벚꽃나무, 실감나는 새소리, 그냥 달이 아닌 "일본적인" 달과 불빛으로 관객들을 매료시켰다고 평론가들로부터 극찬을 받았다. 롱의 단편에서는, 아이를 낳아 기르며 3년이 넘도록 미국인 남편을 기다리던 조초산이 그 남편에게 미국인 아내가 생겼음을 알고 자살을 시도하지만 아이를 위해 살기로 결심한다. 한편 이와는 달리 벨라스코는 작품의 대중적인 성공과 비극성을 높이기 위해 여주인공이 아버지의 장검으로 목을 찔러 자결하는 충격적인 결말을 만들어 냈다. 1900년 3월 뉴욕에서 초연된 「나비 부인」은 장기 공연에 돌입하게 되고 순회 공연 팀이 따로 구성되어, 런던, 독일, 벨기에를 포함한 유럽 전역에서 대단한 관심과 인기 속에 공연되었다.

1900년 여름, 오페라의 소재를 찾고 있던 푸치니는 런던에서 벨라스코의 단막극 「나비 부인」을 본다. 영어를 한마디도 할 수 없었던 푸치니였지만 무대 전체의 애절하고 이국적인 분위기에 매료되어 대본의 저작권을 사고 비극적 멜로 드라마의 전형인 불멸의 오페라 「나비 부인」을 탄생시킨다. 푸치니는, 벨라스코의 「나비 부인」에서는 여자 아이였던 조초산의 아이를, 가부장제 사회에서 더욱 데려갈 만한 가치가 있는 남자 아이로 바꿈으로써 아이만을 데려가겠다는 핀커튼과 그의 아내 케이트의 입장을 정당화하기도 한다.

동양계 여성에 의해 발표된 『일본의 나이팅게일』

동양 여성과 서양 남성과의 사랑 이야기가 항상 백인들에 의해 씌인 것만은 아니었다. 1901년에 출판된 『일본의 나이팅게일』(A Japanese Nightingale)은 북미 대륙에서는 최초로 동양계 여성에 의해 발표된 작품일 뿐만 아니라, 미국인 백인 남성과 일본 여성의 사랑을 그린 로맨스 소설이다. 작자인 오노토 와타나의 본명은 위니프리드 이튼이었다. 20세기 초반에는 이렇듯 작가들이 필명을 쓰는 것이 보편화되었던 것 같다. 중국계 어머니와 캐나다인 아버지 사이에서 태어나 한번도 동양에 가본 적이 없는 이튼은 당시 유럽에 뒤이어 북미 대륙을 휩쓸던 "일본 열풍"에 힘입어 일본식 필명인 오노토 와타나라는 이름으로 일본을 배경으로 한 소설들을 발표하였고, 공개적인 사진에는 기모노를 입고 다소곳이 무릎 꿇은 모습으로 포즈를 취하는 치밀함을 보이기도 했다. 실제 일본인이 저자라고 믿은 그녀 소설의 독자들은 그녀의 일본인과 일본 묘사야말로 가장 사실적인 동양 표현이라고 믿게 되던 것이다.

　『일본의 나이팅게일』의 여주인공 유끼는 이튼처럼 유럽인의 피가 섞인 혼혈의 일본 여자로, 젊은 미국인 잭 비글로우와 계약 결혼을 한다. 늙고 병든 어머니, 동생들의 생활비와, 미국에서 유학중인 오빠의 학비 마련을 위해 계약 결혼을 선택한 유끼는 그 모든 것을 남편에게 알리지 않은 채 가족들을 돌보기 위해 몰래 며칠씩 집을 비운다. 유끼의 행적에 의문을 가진 잭이 그녀를 추적하다가 유끼가 자신의 친한 친구 타로 버튼의 여동생임을 알게 되는 추리 소설 형식을 취한 이 로맨스의 결말은 예외적으로 두 사람이 사랑을 확인하는 행복한 결말을 맺는다.

로티의 『국화 부인』과는 달리, 유끼와 잭이 서로의 정체성을 알아가는 과정이 소설의 축을 이루고 있어 성격 묘사가 더욱 복합적이고 다변화되었으며, 여주인공 유끼가 기꾸산이나 조초산보다 훨씬 자의적으로 행동하는 인물인 점은 로티 ― 롱 ― 벨라스코 ― 푸치니로 이어지던 나비 부인의 변형 과정에서 진일보한 면들이라고 할 수 있겠다. 하지만 동양 여성의 신체적 아름다움이 그녀의 유일한 자산이며 서양 남성의 경제적 도움과 맞바꿀 수 있는 유일한 생존 수단이 되는 점은 「나비 부인」과 크게 다를 바 없는 상황 설정이고, 유끼를 포함한 동양인들의 행동 양식이 인위적이고 기묘하며 서양인들의 관점에서는 이해할 수 없는 난해한 것들이라는 표현은 자칫 "신비와 베일에 싸인 채 음모를 꾸미는 위험한 동양인들"이라는 서양인들의 그릇된 고정 관념이 사실임을 암시하는 듯해서 위험의 여지를 내포하고 있다. 그러한 서양 중심적 편견은 19세기 말의 서양에서 태어나 서양적으로 사고할 수밖에 없었던 작자 이튼 개인의 시각이 그대로 반영된 것이라고 할 수 있다. 소설 내에서의 시점이 서양인 중심임을 입증하듯 작자는 잭의 시선을 통해 보여진 일본 묘사를 이야기의 축으로 삼고 있다. 하지만 동양계 여성으로서의 작자 이튼의 정체성이 반영된 여주인공 유끼의 인물 묘사는 인격적인 모독과 비하가 넘치던 로티의 작품과는 판이하게 다르고, 결국 소설의 행복한 결말까지도 가능하게 했으니 『일본의 나이팅게일」은, 창작에 있어 작가의 시각의 중심이 어디에 있느냐에 따라 작품 세계가 어떻게 달라질 수 있는가를 보여 주는 흥미로운 예라고 하겠다.

벨라스코의 단막극 「나비 부인」에 도전장을 내기 위해, 당시 뉴욕의 연극 제작자 클로우와 얼란저는 1903년 11월 「일본의 나이팅게일」을 연극으로 올렸지만, 서양 관객들은 행복한 결말보다는 비극적인 「나비 부인」 쪽 손을 들어주었다. 러일 전쟁 이후 근대화를 위해 안간힘을 쓰는 혼란기의 일본의 모습을 연구에 의해 비교적 사실적으로 묘사했고 서양 남성과 동양 여성의 사랑을 해피엔딩으로 끝낸 이튼의 「일본의 나이팅게일」은 벨라스코의 단막극 「나비 부인」보다 짧은 기간 공연된 뒤 곧 막을 내리고 말았다.

「나비 부인」의 바로 뒤를 이어 1903년 연극 무대에서는 일본 배경의 로맨스인 「신들의 연인들」(Darling of the Gods)이 「일본의 나이팅게일」과 같은 해에 공연되었고, 1919년에는 중국 배경의 로맨스인 「중국의 장미」(The Rose of China)가 선보였다. 무성 영화가 출현하자, 1915년에 롱의 단편 소설 「나비 부인」은 메리 픽포드 주연의 무성 영화로 만들어졌고, 1926년에는 「바다의 울림」(The Toll of the Sea)이라는 제목의 중국판 나비 부인으로 영화화되었다. 주연은 동양 여성으로는 처음으로 할리우드에서 배우로 성공한 아나 메이 웡이었다. 1935년에는 게리 쿠퍼 주연의 「나비 부인」이 잘생긴 남자 배우 때문인지 다시 인기를 끌었다.

우리가 잘 아는 「사운드 오브 뮤직」의 거장 오스카 헤머스타인 2세는 1949년 「남태평양」(South Pacific)에서 비극적인 동서양의 로맨스를 다루었다. 아름답고 신비로운 주제곡 「발리 하이」로 유명한 이 작품은 영화로도 많이 소개되었다. 이 작품에서는 젊은 미군 병사가 폴리네시안 원주민인 십대 소녀와 결혼을 약속하지만 특수 임무를 부여받고 작전에 나가 사망함으로써 둘의 결합은 이루어지지 않는 반면, 또 다른 한 쌍인 금발의 간호 장교와 이태리계 농장주와의 사랑은 우여곡절 끝에 이루어진다. 발리섬은 서양인들에게 사랑의 열병을 앓게 만드는 마력을 가진 원시의 땅으로 묘사되는 반면 군대, 의술, 위문 공연 등으로 재현되는 미국은 비문명의 세계를 구원하기 위해 나선 선교사와도 같은 존재이다. 동양을 배경으로 한 할리우드 영화들의 대표적인 시나리오 중의 하나가 서양의 선교사나 군인이 동양으로 와 동양인들과 우정을 나누고 동양 문화권에, 합리적이고 진보적인 서양의 기독교적 세계관과 문명을 전파한다는 내용이 있다. 「남태평양」에 뒤이어 오스카 헤머스타인 2세의 또 하나의 야심작인 「왕과 나」(The King and I)라는 작품은 바로 그런 이야기의 대표작이라고 할 수 있겠다. 동서양 문화의 화합과 이해를 말하고자 한 것처럼 보이는 예술적으로 뛰어난 이 작품에서 헤머스타인은 영국인 여주인공의 입을 통해 질리도록 명백하게 서양 문명의 합리성과 근대성을 강조한다.

2차 대전과 한국전 이후 미군들이 대거 귀국하면서, 할리우드는 1950년과 1960년 사이 동양 여성이 술집의 창부나 기생으로 등장하는 많은 영화와 공연들을 양산해 낸다. 얼핏 떠오르는 영화만 해도 말론 브란도가 출연한 「팔월의 찻집」(Teahouse of the August Moon,

1956)과「사요나라」(Sayonara, 1957),「타미꼬라는 소녀」(A Girl Named Tamiko, 1960), 윌리엄 홀덴 주연의「수지 웡의 세계」(The World of Suzie Wong, 1960),「나의 게이샤」(My Geisha, 1962) 등이 있다.

1980년대를 풍미한 실버스타 스텔론의「람보」시리즈에서는 람보가 베트콩들에게 잡혀 고문을 당할 때 그를 사랑하는 베트남 여인이 과감히 뛰어들어 람보 대신 죽는다. 람보는 한 발만 쏴도 베트콩이 열 명은 쓰러지고 베트콩들은 열 발쯤 쏴도 람보는 끄떡없는 이러한 미국 영웅주의 영화에서 한국과 일본을 포함한 극동 아시아 지역과 베트남을 포함한 인도차이나 반도는 언제나 전쟁중이거나 전쟁의 후유증에서 벗어나지 못한 혼돈의 세계이다. 그리고 그 이야기 구조 속에서는 서양 남성을 향한 동양 여성의 목숨을 건 헌신적인 사랑만이 유일하게 동양에서 건져낼 가치가 있는 것이고 동양의 나머지 것들은 모두 무의미하거나 아예 없어져야 할 방해물들이다. 과도한 동양적 가치나 동양 남성의 존재는 서양 남성과 동양 여성의 사랑을 방해하고 옥죄는 구속일 뿐이다. 그런 면에서 본다면 디즈니의 만화 영화가 다룬 백인 남성과 아메리칸 인디언 처녀와의 사랑 이야기도 이러한 "나비 부인" 공식에서는 예외가 아니다.

성적 대상으로 전형화된 동양 여성의 이미지

연극이나 영화 속에서 이렇듯 성적 대상으로 전형화된 동양 여성의 이미지는 1960년대부터는 텔레비전과 광고, 사진 등으로 매체 전이되어 싱가폴 에어라인 광고에서부터 잡지의 스타킹 광고에 이르기까지 서양 남성들의 성적 전유물로서의 이미지를 재생산해 내고 있다. 이제는 하나의 장르로 자리잡은 뮤직 비디오도 예외는 아니다. 음악 채널 MTV의 뮤직 비디오상을 수상한 「이프」(If)에서, 마돈나는 중국식 마오 의상을 입고 하얀 얼굴에 새빨간 입술, 게이샤식 분장으로 중국식 찻집을 배경으로 노래를 하고, 재닛 잭슨은 인도 캘커타 시내 한복판에서 배꼽을 드러낸 벨리 댄서 의상에, 발찌와 코걸이를 흔들며 베일 너머로 고혹적인 눈빛을 던진다. 이 두 미국의 팝스타들이 노리는 것은 전통적으로 동양 여성으로 대표되어온 이국적인 성적 매력을 직접 체현해 냄으로써 그들의 노래가 가지고 있는 성적인 메시지와 분위기를 배가시키려는 것이라고 할 수 있겠다. 상품 광고뿐 아니라 뮤직 비디오에서까지 이렇게 정형화되거나 차용된 이미지로 나타나는 동양 여성을 보면 한 세기 이상 서양 문화권에서 반복되어온 동양 여성의 이미지가 이제는 하나의 아이콘(icon), 다시 말해 대표적인 문화적 상징이 되었다고 해도 과언이 아닐 것 같다.

인류 역사상 가장 오래된 직업이 몸을 파는 매춘이라는데, 위에서 열거한 작품들 속에 등장한 동양 여성들은 한결같이 그 한 가지 일에 종사하고 있다. 이 재현의 역사를 들여다보면 동양 여성들은 남성에게 성적 위안을 제공하고 봉사하는 데 남다른 재주가 있고 서양 여성들처럼 "골치 아픈 여권 운동 따위"에 "물들지 않아" 원시적이고, 순수하며, 복종적이어서 최고의 성적 파트너라는 서구 남성의 "환상"이 자리하고 있다. 허구의 세계가 워낙 오랜 세월을 두고 재현되고 반복되어 서인지 많은 서양인들의 마음속에 새겨진 동양 여성에 대한 실제 이미지는 이러한 연극, 영화 속의 이미지와 크게 다르지 않다.

지난 몇 년 간 유럽과 북미에서는 사진을 보고 골라서 신청하면 아시아의 여성을 가정부나 아내로 고용할 수 있는 신부 우편 주문 사업이 암암리에 성행했다. 필리핀, 타일랜드의 어린 여성들이 가정부 겸 성직 학대를 감수하는 "신부"로 암암리에 거래되었던 것이다. 지금도 인터넷상에는 200여 개가 넘는 에이전트들이 동양 여성을 "파는" 사업으로 돈을 벌고 있다. 성(性)을 상품으로 삼는 『플레이보이』같은 잡지는 "남성들을 즐겁게 하는 비법의 소유자인" 동양 여성 파트너에 대한 욕망으로 가득 찬 가상의 시나리오로 남성 독자들을 현혹하고, 아시아는 모든 불법적인 환상이 실현될 수 있는 섹스 관광의 천국인 듯한 고정 관념을 심어 주고 있다.

오리엔탈리즘 논쟁을 불러일으킨 「엠 나비」

이런 흐름에 반기를 든 시도도 물론 있었다. 서양인들의 동양에 대한 왜곡된 인식과 고정 관념을 정면으로 비판한 문제작이 있다면 데이비드 헨리 황의 「엠 나비」(M. Butterfly)를 들 수 있겠다. 동양 여성에 대한 나비 부인 식 고정 관념과 백인 우월 의식을 감각적인 언어로 통렬하게 비난하며 동서간 문화와 관습의 차이에서 오는 혼돈, 복잡하게 얽힌 성적 정체성, 정치 이데올로기의 허실 등 폭넓은 주제를 다룬 이 작품은 작품성을 인정받아 1989년 토니상을 수상하기도 했다. 한 프랑스인 영사가 중국인 오페라 여가수와 20여 년 동안 성관계를 유지하면서도 사실은 그 동양인이 남자였다는 사실을 몰랐다는 충격적인 실화를 바탕으로 극화된 이 작품은 그 사건이 가진 믿을 수 없을 만큼 선정적인 내용 때문인지 작가인 황이 의도한 정치적인 메시지와 오리엔탈리즘 해체 작업이 오히려 약화된 면도 없지 않아 있다. 하지만 이 작품에서 작가의 감각적인 언어의 사용이나 푸치니의 오페라 「나비 부인」을 패러디한 극적인 구성은 비평가들의 찬사를 받았고 아시아계 평론가들을 포함한 미국의 학계에서 오리엔탈리즘 논쟁을 불러일으킴으로써 논의의 장을 만드는 데 기여한 바가 크다.

　데이비드 헨리 황의 메시지를 무력하게 만들기라도 하듯 몇 해 되지 않아 브로드웨이에는 1990년대 판 나비 부인의 망령이 되살아났다. 1991년 4월, 18개월 동안 런던에서 대히트를 기록한 뮤지컬 「미스 사이공」이 수많은 논란 끝에 미국에 상륙한 것이다. 「레미제라블」, 「캣츠」, 「오페라의 유령」 같은 대형 뮤지컬만을 기획한 카메론 매킨토시가 「레미제라블」의 곡과 가사를 쓴 숀베르그, 부브릴 콤비와 함께 만든 베트남판 「나비 부인」이 「미스 사이공」이다. 내용은 「나비 부인」 그대로였지만, 실감나게 무대에 재현된 방콕의 포르노 구역이나, 실제 헬리콥터 크기의 모형이 이착륙하는 장면, 거대한 호치민의 동상 등, 천만 달러(우리 돈 약 130억 원)를 투자한 첨단 기술의 총집합체가 영화보다도 더 극적인 볼거리로 관객을 사로잡았다. 때를 같이하여 터진 걸프전이 전쟁 무드를 조성하며 베트남을 소재로 한 이 공연의 티켓

값을 올려 주었고, 「미스 사이공」은 뉴욕을 구경온 외국인 관광객들이 놓치지 말고 봐야 할 프로그램으로 자리잡기까지 했다.

이 작품의 제목이 「미스 사이공」인 이유는 물론 부브릴과 숀베르그가 「나비 부인」을 1970년대의 베트남을 배경으로 각색하면서 현대적인 느낌으로 부친 것이기도 하지만, 막이 오르면 바에 모인 미군들이 미스 사이공 선발 대회를 벌여 가장 섹시하게 춤을 잘 추는 술집의 여급을 선정, 행운의 제비를 뽑은 군인과 하룻밤을 보내게 하는 게임을 벌이는 것부터 이야기가 시작되기 때문이기도 하다. 이 뮤지컬은 파리의 리도 쇼나 나이트 클럽 무희들의 스트립 쇼 못지않게 동양계 여배우들의 신체적 노출이 대단히 심한 작품이다. 여주인공을 맡은 필리핀 배우 리아 살롱가와 그녀의 어머니가 노출이 심한 의상 때문에 고심하기도 했다고 한다. 베트남 소녀 킴은 전쟁 때문에 어려워진 가족을 돌보기 위해 술집에 팔려온 순진한 농부의 딸로 첫날밤 미군 크리스와 사랑에 빠진다. 결국 그로 인해 아이를 낳게 되고 미국이 후퇴한 사이공에서 공산주의자인 어릴 적 정혼자의 끈질긴 구애와 협박에도 의연한 모성애로 일편단심을 지킨다. 킴은 비극적인 상황에서도 아이로 상징되는 크리스와의 사랑을 지키기 위해 온갖 희생과 매춘도 감수한다.

자욱한 화염, 공산주의자들의 붉은 깃발 행렬과 거대한 호치민의 동상으로 묘사되는 사이공, 포르노 구역의 비열한 매춘으로 재현되는 태국의 방콕 거리는 이데올로기의 희생양이 되어 회생 불가능할 만큼 깊이 상처받은 아시아의 모습을 순진한 농부의 딸에서 미혼모 창부로 전락한 킴의 삶만큼이나 절망적으로 그리고 있다. 반면, 미군들이 월남에 남긴 사생아 구제 운동에 나선 크리스의 동료와 자신의 아이를 되찾기 위해 방콕까지 날아온 크리스, 그리고 남편의 숨겨진 아이를 받아들이기로 결심한 크리스의 아내는 시간의 흐름에 따라 인간성을 되찾고 더욱 성숙해 가는 면모를 보여줌과 동시에 미국이라는 나라의 양심을 대변한다. 결국 19세기 로티의 작품에 기반을 둔, 합리적이고 이성적이며 근대화된 서양과 그러한 서양으로부터 보살핌을 받아야 할 혼란과 전쟁, 불합리한 반문명적 세계인 동양이란 이분법이 20세기 말의 「미스 사이공」에 그대로 살아 있는 셈이다.

근대 이전의 상태에 머물러 있는 동양 여성의 이미지는 비교적 최근의 영화에서도 자주 드러난다. 사람들에게 많이 알려진, 리들리 스콧 감독의 1982년 영화 「블레이드 러너」는 지구의 미래에 대한 디스토피아 즉, 반 유토피아적 비전을 제시한 공상 과학 영화의 고전이다. 2019년의 로스앤젤레스는 산성비가 내리고 자동차들이 빌딩 사이를 날아다니며 인간보다도 더 인간적인 복제 인간이 존재하는 다문화적인 도시다. 흥미로운 것은 이토록 충격적인 미래 도시의 한복판에서도 동양 여성은 19세기적인 이미지에 머물러 있다는 사실이다. 거리가 등장하는 장면마다 예외 없이 대형 전광판에는 일본식 게이샤 화장에 머리에 꽃 장식을 하고 기모노를 입은 동양 여성의 웃는 얼굴이 반복적으로 등장하거나 일본식 식당에서 일하는 여급은 옛날과 다를 게 없이 미소 지으며 차를 나르고 있다. 첨단 과학 기술과 대조적으로, 변함없이 유혹적인 미소를 지으며 입술을 벌리는 동양 여성의 모습은 미래 도시의 서양 남성들에게까지도 성적 위안을 주며 19세기의 유물로 그렇게 박제되어 남아 있는 것이다.

「미스 사이공」을 비롯한 동양을 소재로 한 서양 연극의 대부분이 뮤지컬이나 오페라의 형태를 하고 있는 것은 많은 것을 시사해 준다. 그 공연이 추구하는 바가, 서양 관객들로 하여금 동양 문화나 동양 사람들에 대한 이해나 문화의 상호 교류가 아니고, 잠시 환상의 세계로 도피해 일상에서 맛볼 수 없는 이국적 정서를 경험하게 하는 것이기 때문이다. 그러다 보니, 배경이 되는 아시아의 모습은 최대한 서양과 달라야 했고, 근대화의 물결이 전혀 닿지 않은 "옛날"의 모습이어야 했던 것이다. 서양인들이 배경으로 삼는 아시아의 모습이 모두 근대화된 산업 사회 이전에 머물고 있거나, 「투란도트」, 「왕과 나」에서처럼 아예 가상의 아시아 ― 가상의 중국과 태국 ― 인 경우도 그런 맥락에서 이해할 수 있을 것이다. 이런 멜로 드라마의 구조 속에서 서양 남성은 이성, 합리성, 제도화된 법률 또는 기계 문명을 대변하는 정복자이고, 반면에 동양 여성은 그 남성적 서양으로부터 보호받아야 할 유아적이고 운명적인 전근대적 인물이다. 아시아는 제도나 협상이 존재하지 않는 이성적인 해석이 불가한 곳이고, 기독교에 반하는 이교도적인 관습에서 헤어나지 못하는 사회로 등장을 한다. 동양 여성의 몸은 그러한 모든 "동양적" 문화를 고스란히 담고 있는 하나의 상징인 셈이다.

서양 관객들은, 이미 익숙한 이야기지만 이번엔 "어떻게 보여 주나"에 관심을 갖게 되고, 공연을 준비하는 사람들은, 최대한 장대하고 실감나는 무대를 선보이기 위해 의상과 무대 디자인, 특수 효과에만 많은 돈과 시간, 노력을 쏟는다. 서양 연극의 기술은 동양을 소재로 한 공연들 덕분에 발전했다고 해도 과언이 아닐 만큼 지난 100여 년 동안 유럽과 미국의 연극인들은 동양을 배경으로 한 공연에서 실험적인 많은 장치들을 시도했다. 더 나은 극적 효과를 위해 무대 기술이 발전하는 것은 매우 바람직한 일이지만, 연극이 마치 텔레비전이나 영화와 경쟁하듯 장관이나 시각적 볼거리에만 의존하는 것은 슬픈 일이 아닐 수 없다. 지나치게 사실적인 장대한 무대는 오히려 관객 개개인의 상상의 몫을 빼앗고, 연극을 서커스와 별반 다를 것이 없게 만들기 때문이다. 고여서 썩은 물을 놋그릇에서 은그릇, 은그릇에서 금그릇으로 옮겨 담아 마시듯, 서양 무대는 변치 않는 이야기를 새로운 소재로 바꿀 생각은 하지 않고 한 세기 이상 반복하고 있는 것이다.

이제는 그 동안 침묵하고 있었던 동양 여성들 스스로가 우리들의 생각과 경험을 담을 수 있는 새로운 이야기 만들기에 적극적으로 나서야 할 때다. 그렇지 않으면 영원히 역사의 악순환에 갇혀 거울에 비치지 않는다는 흡혈귀처럼 동양 여성은 진정한 모습을 서양 무대 위에 투영시키지 못한 채 원귀와 다를 것 없는 똑같은 모습으로 떠돌아다니고, 동양과 서양은 문화의 불균형 속에서 도식적인 이분법으로 서로를 파악하고 말 것이다. 무대는 고정 관념을 깨뜨리고 끊임없이 새로운 의미를 창출해 내서 서로 다른 이들이 조화롭게 함께 사는 미래를 만들어 가기 위한 하나의 시험장이어야 하지 않겠는가?

Blanch, Lesley, 1983, *Pierre Loti : the Legendary Romantic*, San Diego : Harcourt Brace
Jovanovich.

Bongie, Chris, 1991, *Exotic Memories : Literature, Colonialism, and the Fin de Siecle*,
Stanford, CA : Stanford Univ. Press.

hooks, bell, 1992, *Black Looks : Race and Representation*, Boston : South End Press,1992.

Kuhn, Annette, 1985, *The Power of the Image : Essays on Representation and Sexuality*,
Boston: Routledge & Kegan Paul.

Long, John Luther, 1898, "Madame Butterfly," *The Century Magazine*, Vol. IV, New
Series Vol. XXXIII, Nov. 1897 - Apr. 1898, New York : The Century Co..

Loti, Pierre, 1879, *Constantinople*, trans. Marjorie Laurie, New York : Frederick A. Stokes
Co. Publishers.

____, 1928, *Madame Prune*, trans. S. R. C. Plimsoll, New York : Frederick A. Stokes Co..

____, 1976, *The Marriage of Loti*, trans. Eleanor Frierson, Honolulu : The Univ. Press of
Hawaii.

____, 1985, *Japan : Madame Chrysanthemum*, trans. Laura Ensor, Boston : KPI Ltd..

Miner, Earl, 1966, *The Japanese Tradition in British and American Literature*, Princeton :
University Press.

Moy, James S., 1993, *Marginal Sights : Staging the Chinese in America*, Iowa City :
University of Iowa Press.

Ono, Setsuko, 1972, *A Western Image of Japan*, Thesis at the University of Geneva.

Praz, Mario, 1951, *The Romantic Agony*, trans. Angus Davidson, New York : Oxford
University Press.

Said, Edward W., 1979, *Orientalism*, New York : Vintage Books.

____, 1993, *Culture and Imperialism*, New York : Knopf.

Szyliowicz, Irene L., 1988, *Pierre Loti and the Oriental Woman*, New York : St. Martin's
Press.

Wake, Clive, 1974, *The Novels of Pierre Loti*, The Hague : Mouton.

Wu, William F., 1982, *The Yellow Peril : Chinese Americans in American Fiction 1850–1940*, Hamden, Connecticut : Archon Books.

Yung, Judy, 1986, *Chinese Women of America : A Pictorial History, Seattle* : University of Washington.

근대와 한국 여성 소설

최윤

근대는 한국 소설에 있어 무엇일까? 간단히 대답하면 근대와 더불어 서구적인 소설의 전범들이 전 세계로 퍼졌고, 많은 사람들이 별다른 부담 없이 "보편적"이라 부르게 된 서구적인 소설 양식(세상을 파악하는 방식)이 한국에 자리잡았다고 요약해서 말할 수 있을 것이다. 더 주제를 좁혀서 근대는 한국 여성 문학에 있어 무엇일까, 질문을 던져 본다. 해방 이후의 여성 소설과 근대와의 관계는 어떤 양상으로 진행되었을까?

먼저 우리의 관심을 해방 이후 시기로 한정해 보자고 제안한다. 그것은 우리의 근대 경험과 연관된 두 가지 이유 때문이다.

하나는 해방 이후 남한 고유의 근대화에 박차가 가해졌기 때문이며, 다른 하나는 바로 이 즈음에(이후 내내 일종의 원초적 분리 경험을 한반도의 문화 기류에 내장하게 될 "반쪽"의) 독립 국가를 형성한 남한의 근대는 하나의 상대화된 절대적 정체성으로 스스로를 인식하는 과

177

또문. 근대와 해방 이후 한국 여성 소설. 최윤

해방 후의 근대 인식. 근대적 정체성. 새로운 타자가 준 것.

동질성. 보편적 가치. 변방. 보편의 지배. 비판적 각성. 타자화 경험.

갈증. 조바심. 보편적 가치의 정비. 억압과 질주. 반공. 독재. 산업화. 도시화.

한국적 보편성의 문학. 보편성 거부의 문학. 서구의 신비화와 탈신비화. 여성

이라는 역설. 살아남기. 노동력. 근대화의 그늘.

문학. 식민지 경험. 단절. 글쓰기 문법. 말과 권력. 근대와 전통. 육이오와 오일육

국모와 국부. 광주 항쟁. 군문화와 남성화 문학. 사각 지대의 여성 문학. 해체와

주변화. 공간관. 시간관. 근대화의 공간적 표시. 남성적 거리. 여성적 밀실

낯설음의 모더니즘. 이성과 광기. 표상과 내면. 이분법의 쌍들. 경계

넘기. 지우기. 공간의 재분배. 남성 부재의 소유 공간. 연애하는

길거리. 요설과 수다. 은밀성. 대중성과 서구적 감수성

집 떠나기와 부재. 안전 지대라는 함정. 그로테스크.

광기의 서사. 상상계. 모성성. 나르시스.

감각. 자기 충족. 몸의 시학

시간의 재편성. 역사. 서사.

인과율. 시간성. 신화와 가변적 서사.

정체성. 직선성. 목적성. 일관성. 사실주의.

영웅주의 서사. 민족주의. 근대성의 남성성 미학

역사 소설 강박증. 진보적 역사관. 선형적 사건.

동사의 문학. 형용사의 문학. 비시간,

탈역사라는 함정. 일상성. 두 개의

민족주의 문법. 생산과 재생산

여성적 글쓰기의 미학.

— 점선(點線)의 발제문

정을 거치기 때문이다. 그래서 해방 이후의 독립 국가 건설기에 남한이 스스로를 객관적인 실체로서, 즉 자신의 새로운 정체성을 인식하는 과정은 근대화의 모든 기획에 필수적으로 반영되어 있다. 식민지 치하에서의 간접적인 근대 인식은 이식의 수동적인 형태를 띠었다면, 해방 이후의 근대 인식은 좀더 직접적이고 능동적이며 더 나아가 때때로 매우 공격적이기도 했던 것 같다.

바로 이 국가적인 새로운 정체성의 인식은 문학 속의 근대, 여성 소설과 근대와의 관계를 이해하는 데 매우 중요해 보인다. 특히 이 시기는 식민지 이후 언어적 정체성의 분열 없이 한글로 문학이 씌일 수 있는 여건이 마련되었던 때라서 더더욱.

해방 후, 그리고 한국 전쟁을 거치면서 다양한 경로(역사적인 개입, 담론, 교육, 제도… 등)를 통해 만나게 되는 서구는 남한이 "경험한" 최초의 명실상부한 타자였다. 정체성의 무화로 일관했던 식민 치하의 일본 이후에 맞대면한 서구였기에 아마도 이 경험은 더욱 눈부셨을 것으로 상상되는데 그것은 이 새로운 타자는, 한국과 세계에 보편적으로 통용될 수 있는 동질성, 혹은 보편성이라고 통용되는 평등적인 가치에 관해 온몸으로 역설하며 한반도 남쪽으로 들어왔기 때문이다.

대부분의 변방에 속한 나라가 그랬듯이, 바로 이 타자와의 경험의 여러 단계를 거치면서 남한의 현대는 서구의 보편의 지배에 대한 비판적인 인식을 도출해 내게 된다. 즉 근대적인 보편적 가치를 습득함으로써 우리의 상황이 얼마나 보편적 상황에서 멀어져 있는가를 비판적으로 인식하는 과정을 거치게 된다. 같은 맥락에서 해방 후 한국은 서구의 타자로서 스스로를 근대적으로 가꾸어 내야 하는 필요성을 다면적으로 감지한다. 새롭게 만들어 내야 하는 정체성은 리타 펠스키의 지적대로(펠스키, 1998 : 42) 근본적으로 서구에서 그러했듯이 지극히 남성적이며, 우리의 경우 근대적인 남성적 모델에, 기존에 작동하던 전통적인 요소가 교묘하게 접목됐다는 점이 근대성에 대한 일반론의 적용을 어렵게 만든다.

서구건, 비서구건 근대의 이념은 남성적인 이념을 대변한다는 것에 대해서는 대강의 동의가 이루어진 듯하다. 서구의 대화자가 될 수 있는, 혹은 동등한 타자로 설 수 있는 모든 분야의 정비에 대한 갈증 어린 조바심이 산업화, 도시화, 독재, 반공 등의 다양한 질주를 만들고 정당화한다.

남한적 근대화의 방향을 틀어 버린 두 가지 역사적인 사건, 6·25와 5·16의 군사적 경험은 전 사회의 근대적 경험을 남성적으로 정당화시키는 데 일조를 한다. 흥미로운 것은 박정희의 1960년대에 갑자기 부상한 두 개의 이미지가 요약하고 있는 것이다. 묵묵히 일하는 순응적인 소의 재현과 함께 등장한 것이 국부 이순신과 국모 신사임당의 부상 같은 것이다. 이순신의 문인적 기질이 강조되면서 위로를 받기도 했지만 이 재현의 일반적인 의미는 정당화될 수 없는 군사적 전통(무신 정권)의 공적인 인준이다.

이러한 식의 근대화의 특징은 문학 속에도 유사하게 드러나는데, 크게 두 가지 극적인 방향으로 표현된 것 같다. 한국적 근대를 설정하기 위해 서구적인 모델을 모방하는 일과 한국적인 정체성을 주장하기 위해 서구의 보편을 거부하는 것이 그것이다. 전자가 서구적 근대를 받아들이면서 한국인의 고유한 정서와 정체성과 접목시키는 데 주력한 문학들의 계보를 형성한다면 후자는 반서구적인 모든 것을 한국적인 것으로 정의하는 문학의 조류 속에 드러난다. 서구를 신비화하는 방식은 물론, 탈신비화하는 방식들도 근본에 있어서는 서구적이다. 적어도 현대 문학의 경우 그 분명한 흔적은 남한 현대 문학사의 모든 쟁점의 내용과 쟁점화되는 이분법적인 방식 속에서 예를 찾을 수 있겠다.

우리에게도 근대 문학은 서구적인 것이며, 서구적인 것 중에서도 가장 남성적인 기준들이 들어와 양식화한다. 서사 구조, 권력적 언어, 논리적, 이성적 글쓰기의 문법들, 권력으로서의 언어는 특히 우리의 전통적인 문학 기능(이 가지고 있는 이중성 중에서도 특히 문학의 도구적 목적성과 공적인 의미를 강조하는 문학)과 접목하면서 강화된다.

이런 근대화 과정에서 여성의 문제는 평등성, 보편성의 가치(부, 제도 정립)라는 거대 담론에 의해 삭혀져 버렸거나 비본질적, 이차적인 것으로, 급하지 않은 것으로 치부될 수밖에 없었다. 그럼에도 불구하고 이런 숨가쁜 정황 속에서 여성은 역설적으로 존재하기 시작한다. 전쟁 후의 살아 남는 원동력으로, 근대화의 과정에서 값싼 노동력으로. 어두운 역사의 그늘에서 거친 진보의 뒤치다꺼리를 도맡아하면서 여성은 과거와는 다르게, 근대 사회의 산업 구조 속에서 그 모습을 드러낸다. 서구의 근대에서 차지하는 것만큼이라고 할 수는 없지만 지역적인 방식으로, 경제에 의해서 여성은 처음으로 근대에 존재하기 시작한다. 이것은 19세기 서구의 산업화 과정과 닮았다고 하겠다. 그래서 근대는 비서구 국가들의 여성에게 자주 그랬듯이 해방적인 기능과 억압적인 기능을 동시에 지닌다.

여성 소설의 현재를 점검하고 가능성을 짚어보는 자리에서 바로 여러 겹의 단절이나 결렬에 대해 생각해 보지 않을 수 없다. 여성 소설이 의도적이건(즉 창조적인 생산의 문학이건) 혹은 비의도적이건(즉 이미 있는 주도적이며 공적으로 인준된 남성적인 가치를 재생산해 내는 문학이건) 남성화된 근대적 이념들을 해체하고 주변화하면서 자신의 세계를 구축했기 때문이다.

근대와 여성 문학과의 관계를 두 개의 문제의 축을 중심으로 접근해 보도록 하자. 그것은 근대가 변화시킨 것, 공간관과 시간관이라는 축이다.

근대적 공간의 여성적인 대응

공간은 아마도 근대화의 가장 가시적 표시이리라. 근대적 기획은 필연적으로 전래적인 공간의 재구성을 야기하기 때문이며, 근대적 인식의 형상적인 구조가 바로 공간이었기 때문이다. 우리의 경우 단기적으로 형성된 변화된 풍경은 누구에게나 낯설며(박태원의 「구보 씨의 스산한 하루」의 도시 속의 산보도 그렇지만 더 앞서, 이상이 아버지와 자신의 공적으로 규정된 자아에 저항하는 것도 공간에 대한 낯설음에서 촉발된다), 이것은 근대와 분리해서 다룰 수 없는 일련의 이분법의 쌍을 만들어 낸다. 공적인 것과 사적인 것, 도시적 거리 혹은 일자리와 가정,

이성과 광기적 요소들, 표상과 내면… 전자의 공간을 채우는 것은 남성의 것이라고 여겨지며 후자는 여성에게 부여된다. 남성이건 여성이건 근대적 공간에 대한 소유 개념이 새롭게 구성되는데, 1960년대의 여성이 사적 영역을 확보하려고 했다면, 1970년대 여성은 공간의 이분화된 틀과 싸움을 벌였다고 할 수 있다. 또 한편으로 여성들은 자기의 고유한 공간을 확보하려고 했다면, 남성들은 모던하다고 하는 새로운 공간을 자신의 영역으로 확보했다.

근대 인식 속에 구체화되는 공간적인 이분화는 어떤 면에서는 가부장적인 성의 생물학적인 조망에 가까운 이분법을 공고하게 경계지웠다고 말할 수 있다. 다른 점이 있다면 여성들은 이런 근대적 단계에서 이항쌍의 후자를 자신의 것으로 착복하기 위해 애를 쓰거나, 그 경계지우기에 특수한(차선적인) 방법으로 저항한다. 서서히 그리고 공고하게 지어진 공간적 이념의 경계를 여성은 부재나 광기나 혹은 자기 충만의 독특한 방식으로 무화하는 것이다. 해방 직후의 일련의 글들에서 이미 이런 공간의 재분배가 이루어지기 시작할 뿐만 아니라, 규정된 공간의 경계를 넘나드는 여성의 문학들이 있는데, 가령 고정적으로 여성에게 부여된 공간에 속하지 않는 한 여성을 등장시킨 한무숙의 「신화의 단애」는 제목에서부터 의미심장하다. 주인공이 동가식서가숙할 수 있는 상황은 전통적 가치의 단애가 일어난 전후의 극한 상황이다. 그에 대해 서구적이라고 수식된 것은 새겨볼 만하다. 비단 이 작품뿐만 아니라, 문학 전통이나 공통의 기호에 단애를 만드는 문학적 특징들은 자주 서구적이라고 인식되는 것도 서구가 근대의 대명사로 각인되었음을 나타내 준다.

1960년대 여러 여성 작가들에 의해 씌었고 대중성을 확보한 장편 연재 소설들도 그런 각도에서 조명할 수 있을 것이다. 환상적이며 맹목적인 사랑을 추구하는 집 밖과 길 위의 여성들은 전통적인 집의 붕괴의 자리에 자기 탐구의 입사적인 여정을 치르기 시작한다. 그러나 대체적으로 이 시기에 표출된 이정표 없는 공간은 매우 불안정하며 황량하며 무목적적이다. 1960년대의 상당 기간 계속된 이 소설들은 어떤 면으로 1960년대적인 역사, 사회적인 허무를 여성의 입장에서 그런 식으로 표현하고 있는 것인지 자문해볼 만하다. 이들 소설의 많은 부분을 차지하고 있는 사랑에의 탐닉은 바로 그런 이중적인 표현의 하나라고 해석할 수 있으며 그 개별 작품이 지니는 문학사적 의미보다는 이 일련의 경향이 만들어낸 사회적이며 과도기적인 의미가 여성 소설사적 시점에서 재평가되어야 할 것이다. 1970년대까지 대부분의 여성 소설 속의 인물들은 이런 식으로 규정된 공간의 틀과 싸움을 벌였다. 이즈음까지 그 싸움을 형상화하는 가장 자주 눈에 띄는 소설적 사건은 다 알다시피, 자신의 공간 확보를 위한 싸움이거나 자신의 자리가 없는 집에서의 탈주들이다.

근대적 여성 소유의 공간

근대적인 공간의 재배치에 가장 두드러지는 특징은 가족이나 집의 기능의 변화일 것이다. 집은 과거와는 다른 근대 산업 사회에서 형성된 중산층의 여성이 군림하는 새로운 공간이다. 집이라는 소우주에 남성

들의 부재의 자리에 군림하는
중산층 여성의 현실과 언어를
박완서만큼 생명력 있는 요설
과 수다와 적나라한 일상의 관
찰로 포착하고 있는 작가도 드
물다. 박완서의 거의 모든 작품
은 여성이 아니면 쓸 수 없는
작품으로서 가장 은밀한 부분
에 이르기까지 여성적 현실의
촉수를 뻗쳐 글의 소재로 이끌
어 냈다는 점에서 박경리와는

박완서

완연하게 구분되는 여성 소설의 또다른 장을 연다. 폭넓은 대중성을
획득하고 있는 박완서의 작품은, 그 전 시대에 "여류" 소설이 누렸던
여성이 쓴 애정 소설의 대중성과도 확연히 구별된다. 그렇다고 그녀에
게서 남성 작가들이 주로 다루는, 소위 "거대 담론"이라 칭해지는 역사
나 정치 권력 같은 주제가 희석된 것도 아니다. 오히려 1970년대의 박
완서에 대한 평가가 보여 주듯이 박완서는 물신화되는 산업 사회에서
중요하게 부상한 중산층의 속물적 가치 비판과 분단의 체험이라는 두
줄기의 소재에 끈덕지게 매달려 왔기 때문이다.

　그러나 박완서가 감지하는 현실은 작품이 기대고 있는 문제의 장이
어떤 것이건 그 문제들을 여성적 현실과 다각도로 연결지어 파악하는
데에서 여성 소설로서의 성과를 논의할 수 있다. 장편『나목』,『휘청거

리는 오후』, 작품집 『부끄러움을 가르칩니다』와 『배반의 여름』에 모아
진 단편들은 그 소재에 따라 어떻게 나뉘건, 전쟁이나 그 이후의 산업
화, 자본주의 물질 구조 같은 외적 억압이건, 가정 내의 가부장제 같은
내적 억압이건, 사회의 위기 상황에서 매단계 발벗고 뒤치다꺼리를 했
음에도 결국은 소외되는 여성만이 감지할 수 있는 현실이 적나라하고
도 놀라운 적확성으로 그려져 있다. "세상도 그녀 자신도 체험을 소화
할 준비"가 되어 있지 않은 현실에 앞서, 박완서는 남성의 (밖의, 공적
인) 현실이 총체적인 현실이 아님을 일찍이 소설로 드러내 보여준 작
가라는 점에서 매우 중요한 전기를 마련한다.

부재 공간의 여성

해방 후 근대 공간의 특징은 기능성, 조직성에 있다. 근대는 시공을 기
능적으로 조직하며 남성 중심의 근대적 목적성이나 물질적 진보로 대
표되는 현실의 논리는 좀더 긴밀하게 일상을 축조한다. 여성은 잘 작
동되는 듯한 이 현실과 타자와의 관계 속에서 서영은의 인물들처럼 부
적응증을 보일 뿐 아니라, 자주, 아예 부재중이다. 집안을 지키고, 때로
변덕스러워 보이고 이해할 수 없는 반응을 보이기는 하지만 집을 지키
고 혹여 외출을 하더라도 되돌아오며 애들을 잘 키우는 조용한 폭탄을
안고 있는 이런 부재의 여성을 남성들은 자주 안심할 만한 여성으로
파악하며, 여성성의 특질로 정의하기도 한다. 떠나되 돌아올 여자, 남
성의 변덕을 감내할 여자, 비록 이상한 기행들은 벌이지만 궁극적으로
는 남성의 권위를 재확인시켜줄 여자로 이들 작품의 여성 인물들은 피

상적으로 오판된다. 그녀들은 그다지 안심할 만한 여성이 아 님에도 불구하고, 성급히 "여성 소설"이란 이런 것이라고 협소 하게 규정되는 기회를 제공하 는 것도 사실이다.

오정희

그러나 오정희의 소설에서 그 대표적인 예를 보는 이런 여 성들은, 흔히들 생각하듯, 가정 밖 세상 나들이를 서슴지 않지 만 결국 전통적, 가부장적 질서 에 엉덩방아를 찧고 마는, 그런 "안전한" 여성성의 표출이 아니다. 그 것은 이들 작품의 언어와 구성에서 드러나는 특수한 문학적 측면에서 고려해줄 필요가 있다. 정형화된 남한 소설 문법의 경계를 넓히고(예 를 들면, 여성 소설의 전개에는 기승전결이 불분명하며, 영웅적인 주 인공이 드물고 전반적으로 눈에 띠는 해결보다는 실존적인 변모가 더 중요하다거나, 인물들의 본질은 인간의 본질이 그렇듯이 모호성을 그 대로 드러내는 양상 등이 누구나의 눈에도 생소하게 비칠 것이다), 여 성의 현실이기에 주변화된 가치와 현실을 부각시키는 문학적 힘, 글쓰 기의 또다른 영역 확장으로 그것을 해석해낼 필요가 있는 것이다.

오정희의 시적인 문체 — 먼저 나는 오정희의 글이 시적이라고 생각 하지 않는다 — 는, 뒤틀린 성, 죽음과 불안에 대한 강박 관념(「불의

강」, 「유년의 뜰」), 남편의 질서와의 갈등(「바람의 넋」), 부재(여성의 부재 의식은 자신을 파괴하려는 현실에 대한 무언의 현존의 항변이다)를 표현하는 이들 여성 인물들이 시적으로 그려진다면 시적인 언어는 현실의 끔찍함과 불모를 더 잘 일깨우기 위해 동원된다. 그러나 죽음과 광기의 커다란 외적 파국 없는 드라마, 멀쩡한 일상 속의 그로테스크는 남성적 소설 문법으로는 다가갈 수 없는 또다른 내적 현실을 보여 주는 사소한 기재들일 뿐이다. 물론 여성이 부재로서 무화하는 현실의 문법 ― 라캉은 상징계의 질서라 부를 것이다 ― 은 의식적으로 거부되는 것은 아니다. 그렇지만 불가능을 실현하려는 욕구 때문에, 거기에 상징계가 들어설 자리가 엄격한 의미에서는 존재하지 않는다. 그것은 애초에 차이지워져 있으며, 여주인공들을 어떤 남성도 소유할 수 없는 이유이기도 하다. 그것은 아마도 논리와 규제와 제도적 "법"에 속한 언어의 세계에서 불가능을 실현하려는 것, 즉 자아와 타아, 어머니와 딸, 땅과 물이 합쳐진 원천적인 세계의 질서인 상상계를 삶 속에 실현하려는 불가능을 이들 인물들이 삶 속에서 꿈꾸고 있기 때문이다. 그것은 구체적으로는 "모성성"의 복원으로 집결된다. 어떤 의미에서 불가능한 것을 시도하는 이 작가의 여성 인물들에게는 근대적으로 재편성되어 강화된 남성 질서의 세계가 생소할 수밖에 없다.

오정희의 작품 속에 등장하는 무수한 불구나 살해, 죽음에 방불한 노년, 혹은 직접적인 죽음의 자리가 그러한 거부의 은유라면, 작품의 저변 혹은 끝에서 때때로 물이나 생명이 준비되는 것은, 이들 작품들이 바로 이 자아와 타아가 충일했던 상상계적 질서를 꿈꾸기를 그치지 않기 때문이다. 거기서 부재의 시학이 태어난다. 근대적으로 작동하며 동참을 강요하는 남성의 세계는 이것을 인식하고 있는 여성들에게는 부재하거나 죽은 것이나 마찬가지다. 그렇기에 오정희의 언어는 정련된 언어이되 광기의 언어이며, 이성적이고자 하는 근대의 논리 구조가 포착하지 못하는 현실 앞에 머물고 그 깊이를 담아 낸다.

자기 충족적 공간

근대의 기획 과정에서 여성 공간은 협소하나마 만들어진다. 그 공간에서 여성의 자의식이 배양되고 근대적이라고 이름할 수 있는 자치적인 여성의 사회적 정체성이 다듬어진다. 이 공간을 사는 또다른 방법은 지극히 사적인 공간의 소유이며, 감각을 통한 소유이기도 하다. 이 자의식에서 발현되는 특수한 감각이 세계를 지탱하게 해준다는 점에서 이 공간은 자기 충족적이기도 하다. 물론 자기 충족성은 근대적 여성이 감각을 통해 발견한 새로운 요소이기도 하며, 여기서 짐멜로부터 시작해 많은 심리학자, 여성학적 정신 분석자들이 말한 여성 고유의 자기 충족적 성향에 대해 부언할 필요는 없을 것이다.[1]

아마도 이 자기 충족성이 여성의 현실이 한동안 예외적 혹은 소외적 현실로 남게 하는 이유일 수 있을 텐데, 김채원의 작품에서 우리는 한 유형을 보게 된다. 김채원의 현실에 대한 시선은 매우 세밀하며 감각적이다. 마치 그 감각적 인식의 기쁨이 인물들을 화사하게 살아 있게 하는 듯도 하다. 그렇기에 때로 주변의 물상은 나의 현실을 밝혀 주는 기재가 아니라, 나의 현실이 주변의 물상이나 분위기에 기대어 설명된

김채원과 신경숙

다(『밤 인사』, 『초록빛 모자』). 물상의 감각적인 인상은 그러므로 자아의 편재이며 그것은 강신재로 시작된 현실의 점묘적 감각 묘사와는 다른 것으로, 투명한 시선이 현상 뒤에서 잡아내는 감각이다. 그의 소설에서는 자주 환상과 현실의 경계가 흐려지며, 이것은 이성적 의지와 욕망의 자리다툼이 무의미해지는 여성적 내면의 자리이기에 주목할 만한 것으로 등장한다. 이 세계에는 일종의 나르시시즘이 깃들어 있는데, 자기 만족이라는 의미가 아니라, 자존적 언어의 가능성이라는 의미에서 그러하다. 맥락 없이도 존재하는 소설을 김채원은 보여 준다. 그 공간에 남성이 있건 없건 궁극적으로 차별지어지는 것은 없다.

자기 충족적인 자의식은 글쓰기의 주체가 강조되는 양상으로 표현된다. 김채원의 감각적이며 직관적인 세계 파악과는 또 달리 신경숙의 작품에서 감지되는 몸의 기억력, 몸의 시학은 여성의 자기 충족적 공간 인식의 또다른 표현으로 해석될 수 있다. 실제 신경숙의 두 장편 소설『깊은 슬픔』,『외딴방』에서는 자신의 글쓰기 주체를 드러내는 양식의 일단을 읽어볼 수 있다. 그런가 하면 공선옥의 경우에도 강력한 주체가 표현되는데, 『피어라 수선화』,『우리 생애의 꽃』에서 남자 없이 사는, 또다른 내적 공간에 갇혀 있으나 거침없

공선옥

는, 말이 해방이 되는 감성의 지대를 드러내는 여성들이 등장한다. 이 작가는 이미 삶의 질서의 극단을 경험해 버렸으리라는 것을 작품은 추정하게 만드는데, 남성적 역사 공간을 헤치며 살아온 지난한 삶의 경험을 적나라하게 노출하고 있어 공선옥에게서, 글쓰기의 주체가 드러나는 새로운 모습으로 무장한 강경애를 만나는 것은 그러므로 당연하다.

어떤 방식의 소설적 색채로 표현되건 여성의 말이 근본적으로 반권력적이고 주변적 언어가 지니는 비판적 거리로 남아 있기를 고집하는 것은 여성의 이 자기 충족적인 특징이자 자족적인 언어관 때문일 수도 있다.

근대적 시간관과 여성 소설

아마도 한국의 근대사가 서구를 발견하면서 가장 충격적으로 받아들인 것은 서구적인 역사의 개념, 즉 서구적 근대의 시간성의 개념일 것이다. 다소간 운명적이기도 하며 한편으로는 낙관주의적인 시간관이 조선 시대 소설에서 감지된다면 근대의 소설 양식이 우리에게 들어오면서 가장 크게 부가되었던 부분이 아마도 서구적인 역사에 대한 관심이며 그것은 소설에서 서사적 인식의 커다란 변모를 의미한다.

서구 소설을 지배하는 사건 전개의 논리적인 인과율과 시간성이라는 두 개의 서사 논리의 축은 전통 소설에 내재해 있던 윤리적이며 공공적 가치를 재확인하는 데 유효한 상징적이며 신화적인 시간 구조를 대신하게 된다. 그것은 근대 소설에서 변증법적인 시간관, 서사적 목적성, 일관성 같은 구체적인 특질을 강조하면서 정착한다. 이처럼 우리의 근대 소설이 정립되는 과정에서 가장 중요시되었던 덕목들이 서구적인 근대성에 기반을 두고 있으며 이것은 오랫동안 소설의 주류가 남성적 서사인 이유이기도 하다.

해방 이후의 여성 소설에 이르러 이처럼 규정된 공적인 서사 문법에 대한 문제 제기가 가시화된다. 그것은 한편으로는 남성의 문법에 틈을 만들기로 이루어지며, 더 직접적으로는 남성적 시간관에 대한 다면적인 저항으로 표현된다.

여성적 시간의 과도기적 경험, 여성의 역사 소설

해방 이후 근대화 과정에서 우리 사회는 박정희 이후 서기 사용을 공공화하는 상징적인 과정을 계기로 가일층 서구적인 시간 인식에 접근한다. 그것은 소설 속에서도 민감하게 감지된다. 혼란스러운 정치와 역사의 전개 속에서 해방 후의 소설은 시간의 문제에 대해서 자유로워 본 적이 없다. 그것이 이중적으로 강박적인 것은 근대란 시간의 극복이며, 다른 한편으로 우리의 근대란 정지되었던 모든 시간을 동시적으로 단시일 내에 경험해야 하는 것이기 때문이다.

시간의 극복 의지, 역사의 해석과 지배에 대한 의지의 한 표현을 우리는 무수한 대표적인 남성 작가들을 사로잡는 역사 소설, 혹은 대하 소설 장르에서 관찰할 수 있다. 근대 소설이 들어온 이후 얼마나 많은 남성 작가들이 이 장르에 몰입했는가는 놀라울 정도다. 아주 드문 소수의 근대의 남성 작가만이 역사 소설을 써야 한다는(역사를 해석하고 지배해야 하는) 숙제에서 자유롭다. 역사 소설이 "소설"과는 구별되는 하부 장르로 구별되어 평가되는 서구와는 달리 우리에게 역사 소설은 늘 본격 문학의 범주에서 공적인 인정을 받을 뿐 아니라 중요한 장르라는 점도 우리의 근대 경험의 고유한 특성을 보여 주는 한 양상이다.

이처럼 역사성, 진보, 합목적성, 일관성의 논리 등 근대적인 시간 개념에 내재해 있는 특성들은 남성들의 전유 영역으로 등장하며, 더 나아가 소설 장르는 남성적인 세계관으로 다듬어지며 소설 작품의 평가에 중요한 평가 기준이 된다.

여성들은 이 공식적인 시간의 영역에서 어떤 의미에서는 존재하지

박경리

않는다. 시간 인식은 이처럼 아마도 가장 중요한 근대적 가치의 준거가 되기에 시간에서 제외된 여성은 무의미하다는 말과도 같은 것이다. 여성은 무시간적이며, 여성성의 특징은 상당 기간 무시간성으로 정의되기도 했다. 가령 모성과 여성적 미는 원형 회귀적이거나 신화적인 영원성을 가진다고 수식되는 말 속에 우리는 여성에게서는 시간성의 변천이나 진보를 보고자 하지 않는 의도를 보게 되는 것이다.

　박경리의 『토지』가 지니고 있는 의미는 바로 이런 맥락에서 해석할 수 있다. 공적 시간, 역사의 주체로서 여성이 부각되지 않던 시기에 씌이기 시작한 『토지』는 그 양이나 질에서 지금까지 있어 왔던 "남성적" 역사 소설의 범주를 뛰어넘음으로써 장르가 지니는 성적인 경계를 무의미하게 만들었으며, 여성 인물들에 의한 여성적 시선으로 해석한 역사라는 점에서 톡특한 것이다. 『토지』에서 독자는 윤부인이나 서희가 지니고 있는 강인한 인격과 남성 뺨치는 대담한 힘에 매료된다. 그들의 여성적인 힘은 확실히 남성 역사 소설을 지배하고 있는 선적이며 사건적인 변전의 구조와는 다른 것이다. 기왕에 지적된 대로 여성들을 지배하는 힘의 원천으로서의 토지에 대한 집착이나 한, 또는 가문 의식이 결국은 남성적인 가부장적 세계의 가치라는 한계가 있음에도 불구하고 『토지』의 서사를 지배하는 것은 바로 남성적 역사 소설에서 드러나는 진보적이며 합목적적인 시간에 대한 믿음에 문제를 제기하게 만드는 무엇이다.

비공식적인 시간 인식

근대에 도입된 새로운 시간관의 또다른 축은 진보의 개념과 전망의 제시와 직결되어 있다. 이것이 서사의 고전적인 구조인 다양한 영웅의 제시, 혹은 영웅되기의 어려움을 드러내는 남성 문학의 단골 메뉴였다면 여성 소설은 바로 여성의 주변성, 반영웅성, 진보에 대한 회의를 다면적으로 형상화한다.

대부분의 남성 소설의 주인공이 서사적 경험을 통해 격동적인 존재적 변모를 겪는데, 여성적 주인공들에게서 드러나는 변모는 사건과는 다른 층위에서 드러나며 따라서 대부분 서사 구조에서 보면 여일한 면모를 유지하는 인물들, 포스터의 표현으로는 플랫 캐릭터(plat character)들이다. 남성 주인공들의 모험에 비하면 비역사적으로 보이는 이들 인물들은 사적인 시간, 공적 시간 저변에서 부침하는 시간의 본질을 드러내기에 주력한다. 그것은 인물의 변모를 요구하는 사건적 해결을 향해 앞으로 나가는 시간이기보다는 극한적 경험 속에 고정된 시간이거나 되돌아오는 시간(박완서의 전쟁 체험이나 오정희의 유년 같은 기억의 시간)이며, 여성 소설은 이처럼 시간의 공적인 규정성을 넘는 서사에 더 중요성을 부여한다. 그것은 근대 소설의 전범에서 자주 드러나는, 분명한 목적을 가지고 탐색을 하고 누구나 인준할 만한 전망을 제시하는 주인공(영웅)의 모습에서 멀리 있다. 여성 소설 속의 인물 설정은 그 자체가 주변적이며 비공식적이다.

여성 소설에서 자주 발견되는 자전적 글쓰기와 성장 소설적 양상은 여성에게서 시간의 인식이 개별적이라는 점과 무관하지 않다. 자전적 인 장르를 남성 소설가가 쓰는 경우는 그 목적이 뚜렷하다. 그러나 여성 작가들에게 소설은 자전에 가까이 있다. 자신을 설명하고 재고해 보거나 참회를 하기 위해서 씌이는 남성의 자전과는 달리 여성의 자전에는 구체적인 목적이 결여돼 있다. 공적인 시간의 기획된 전개에서 제외된 여성 의식이 눈을 돌리는 것은 자신에게 익숙한 현실, 그 자체 개별적이며 예외적인 현실인 자신의 삶이다.

여성 소설은 따라서 대부분 비선형적인 기억의 서사가 되는 경우가 많다. 그것은 자주 다중적이거나, 여성의 언변이나 글쓰는 방식에 있어서 남성적 소설 문법으로 볼 때 "미학적 완결성"이 없다고 폄하되는 나선이나 분산적인 구성을 갖는다. 무엇보다 진보에 대한 믿음이 남성보다 약화되어 있거나 없기 때문에 여성 소설에는 극적인 사건이 절제되며, 사건적인 측면에서는 환형적이어서 마치 원점으로 회귀하는 것처럼 보이기도 하지만, 그 속에는 시간의 진전에 대한 다각적인 변주가 존재하며, 그것은 궁극적으로 시간 – 역사를 다르게 해석하고 있는 여성의 시간관의 표현이다.

근대적 시간의 일관성

매순간 변전하는 시간 속에 일관된 법칙이 있다는 것을 근대는 다양한 각도와 방법을 통해 설명하려는 경향이 있다. 그것은 소설 속에서 시간 질서가 중요하게 부각되는 것을 설명해 준다. 서구의 전통적인 서사 속에 계승되어온 사건의 인과론적 질서 위에 시간의 논리가 상위 질서로 부상한다. 시간의 연속성을 만드는 것은 이념이며 이것은 민족, 종교, 제도, 풍속의 재정비… 속에 갈피갈피 배어 있다. 탈식민주의 시대의 비서구 국가들에게 민족주의라는 이름하에 묶을 수 있는 다양한 운동을 지배하는 한 축은 분명 서구적 시간관에 내재해 있는 일관적인 정체성으로서의 민족 개념과 무관하지 않다. 아마도 이것이 서구적 근대와 비서구적 근대의 본질적인 차이가 나는 지점일 것이다.

해방 공간의 문단에서 첨예하게 벌어진 민족적 정체성에 관한 논의들뿐만 아니라, 이 당시에 사회적 시각으로 일련의 작품을 쓴 박화성, 최정희, 김말봉의 소설에서도 이 문제에 대한 고심의 흔적을 쉽사리 찾아볼 수 있다. 이것은 근대화, 산업화의 과정을 겪으면서도 면면히 이루어져 올 뿐만 아니라 분단과 그로 인한 정치적 억압 상황으로 인해 논의는 더욱 첨예해진다. 일관성 있는 정체성의 시간적 재구성은 해방 후에 형성된 여러 갈래의 우파적인 민족주의나 비판적 민족주의의 담론에서 공통적으로 발견된다.

이에 관한 한 여성과 남성의 시각의 차이가 분명하게 감지되는 것은 아마도 1970년대에 이르러서일 것이다. 한편으로 여성에게 민족의 개념은 (민족을 출산하는 것은 궁극적으로 어머니이므로) 거의 신화적인 차원에서 남성보다도 더 원천적이며 끈질기게 존재하거나, 그렇지 않으면, 선험적인 차원에서 당위적으로 안겨 오는 민족적 정체성의 근대적인 요구에 온몸으로 부응하기에는 여성의 현실이 너무 깊이 소외되어 있는 양가적인 방향이 동시에 존재하는 것이다.

박경리의 『토지』와 최명희의 『혼불』을 전자에 포함시킬 수 있다면, 물론 박완서, 윤정모, 이경자, 김향숙 같은 작가들처럼 민족적 현실과 여성적 현실을 동시에 고려하고자 한 시도들이 없었던 것은 아니나 1970년대의 여성 작가들의 소설은 직·간접의 방식으로 남성적으로 정의되고 전개되는 민족적 정체성에 대해 불편함을 표현했다.

남성들이 드물게만 문제 제기하는 민족적 정체성에 대해 여성은 완전히 동의할 수도 없고, 그렇다고 무엇이 여성들로 하여금 거리를 취하게 하는지에 대해 꼼꼼하게 분석할 수 있는 현실적 맥락이 마련되어 있지도 않았다. 시대적 당위성이 어떤 의미에서 여성 작가들로 하여금 잠시 그 문제를 접어 두게 했다. 그것은 여성 작가들의 편에서 이 양가적인 여성적 입장의 문제를 깊이 천착한 작품이 없다는 말이기도 하다.

그래서 몇 가지 추정이 질문의 형태로 남게 되는데, 이때 질문은 어느 정도로 답변을 담고 있는 것이기도 하다. 근대 이후 반복된 소외의 경험으로 인해 여성은 자신의 정체성을 민족적 일관성을 통해 제시해야 할 의무에 대해 다소간 덜 강박적이라는 것인가? 아니면 여성에게 불편했던 것은 민족이라는 단어에 누적되어 있는 전통적인 가부장적 이념의 부활인가? 아니면 여성적 정체성은 근본적으로 반근대적인가?

근대성과 떼어서 생각할 수 없는 또다른 문제는 모더니즘의 미학과 여성적 글쓰기의 문제와의 연관 관계. 그러나 이것은 정말 정교한 분석을 요한다. 다음 기회로 미룬다.

토론

Q 역사성이라는 개념을 어떻게 이해하는가에 대한 기존의 논의들은 제가 이해하는 역사성의 개념과 다르다는 느낌을 받는데요, 남성적 소설에서 시간 개념을 역사성, 진보성이라고 한다면 이것은 하나의 장르 내부에서 서사 구조가 특정한 사건들이나, 사건의 변화를 조성해 낸다는 것을 의미하나요? 제가 보기에 박완서의 소설들은 그 안에서 사건이나 주인공의 변화가 드러나지 않아도 그 분명한 역사적 맥락성 때문에 역사성이 있거든요. 문학하는 사람이 보는 시간성과 역사성의 개념이 문화 인류학에서 보는 역사성의 개념과 다를 수도 있다고 생각하는데 어떻게 보십니까?

A 문학에서 역사성이 있다고 할 때는 중요한 역사적 사건을 소재로 삼은 작품을 말하지만 저는 그런 어의로 사용하지 않았어요. 어떤 면에서는 또문의 캐치프레이즈인 "사적인 것이 역사적인 것이다"라는 말과도 근접하는데, 바로 모든 것이 역사적이라는 인식에서 출발했습니다. 그러나 여기서는, 현대 소설의 골격 자체가 서구적 근대의 시간관에서 왔고, 그 속에 들어 있는 역사적(서사적) 전개에 대한 뼈대가 있다는 것이지, 소재적으로 어떤 작품은 역사성이 있다, 역사

적 사건을 다룬 것이다라고 말하는 것은 아니었어요. 거의 모든 작품이, 가령 가장 비역사적인 작품일지라도 역사적으로 해석될 수 있다고 생각해요. 어떻게 해석하느냐에 따라서 차이가 나는 거예요.

가장 비역사적으로 보이는 소재를 다루고 있다고 일컬어지는 작품이 갖는 역사성, 시대성에 대해서도 앞으로 연구할 일이 있을 것 같아요. 중요성의 우열이 정해지는 듯한 역사의 소재적인 구분보다는 요소와 맥락을 해석해 주는 과정이 필요한 거죠.

Q 한국의 모더니즘 작품을 여성, 남성 작품으로 구분해서 설명해 주셨잖아요. 모더니즘과 여성 문학과의 관계 정리가 필요할 것 같습니다.

A 이제는 상식적 차원에서 받아들여져 양식화된 근대성에 대해 여성 소설이 보이는 비판적인 대응을 보다 보니 그 부분에 대해서 언급할 자리가 없었습니다만, 실제 아방가르드 문학이나 모더니즘에서는 남녀의 구분을 벗어나 근대적 가치를 전복하고자 하는 시도들이 있지요. 이상(李箱)과 같은 작가를 예로 든다면 그 관계가 좀더 구체적이 될까요? 이상의 작품도 여성주의적 관점에서 보면 혼란스러운 점이 있는데 그것은 이상의 작품이 여성주의적 관점과 만나는 점도 있고 만나지 않는 점도 있기 때문이겠지요. 그러나 크게는 여성 소설도 비판적 모더니즘의 큰 틀 속에 있죠. 모더니즘적 체계가 일련의 규정된 양식으로 자리잡으면서 억압적으로 작용할 때, 가령 아방가르드 소설이 서구에서 했던 것과 같은 저항의 표현이 여성 소설에서도 독특한 방식으로 감지될 수 있는 거지요. 근대적 이념과 가치

가 남성 중심적인 것들이기 때문에 어떤 단계까지는 여성 소설이 근대성을 표현함에도 불구하고 그에 대해 문제를 제기할 수밖에 없는 거죠.

Q 아까 선생님이 남성, 여성 작품을 나누어서 설명했는데 오히려 남성 작품이 전통적이고, 여성 작품이라고 규정한 성격이 모더니즘에 가깝지 않나요?

A 바로 전의 질문과 연관된 것 같군요. 근대에 규정된 소설 양식은 사실 전통과 깊은 관계가 있고 그것이 강화되고 다면화된 측면이 적지 않습니다. 위에서 언급한 영웅 서사나 직선성이 사실은 이미 고전 소설에도 있던 것인데, 그 근대적인 표현은 결코 단선적이지 않죠. 중요한 것은 그 속에 시간성의 진보와 서사적 목적론이 분명히 드러나 있다는 데 있습니다. 공적으로 인준된 가치들을 재확인하는 것만이 (특히 근대적) 문학 작품의 몫은 아니기 때문에, 근대는 문학에 상당히 해방적 기능을 부여하기도 합니다. 실제 근대는 자기 비판의 역동성을 모더니즘 문학의 역사에서 보여 주고 있지 않습니까? 그러나 그것이 모더니즘의 커다란 틀 내에서의 비판이라면, 여성 소설이 근대에 질문을 던질 때는 그 구조 자체에 대해 다른 패러다임으로 질문을 던지고 비판한다고 생각합니다. 그런 의미에서 남성 소설이 근대적이라면 여성 소설은 근대 비판적이랄까요?

Q 연계된 질문인데요. 고전 소설이 운명적, 낙천적 시간성을 지닌다

고 말씀하셨는데, 그것에 대해 좀더 자세히 설명해 주시죠.

A 실제 몇 가지 예를 보면서 설명할 수 있겠죠. 홍길동전은 아주 반역적인 작품으로 보이지만 그만큼 그 시대의 공적 가치를 도전적 방식으로 재현하고 있는 작품도 드물 거예요. 흔히 홍길동을 반영웅으로 보지만 실제 작품의 구성을 볼 때 아주 철저한 아버지 모방의 구조를 취하고 있고 그를 거부한 사회의 위계 질서를 설득하고 그리하여 인준되면서 작품이 마무리되지요. 대부분 고소설이 가문의 욕망을 이야기하고 탄생에서 죽음까지의 영웅 서사를 다루죠. 일례로 홍길동은 그가 참조하는 유교의 상징 체계를 따라 공자의 나이랑 똑같이 73세에 죽거든요. 그 속에 전쟁 준비에 소홀했던 당시 권력에 대한 비판이 없다고는 말할 수 없지만 그 인물과 서사를 작동시키는 것은 결국 당시 사회의 주도적 가치 체계의 재확인이에요.

고소설의 구성이 일반적으로 그러한데, 가치의 재확인이라는 구조 속에 나타나는 시간관이, 서구의 소설이 그랬듯이, 시간과의 역동적인 싸움일 수 없다는 의미에서 이미 우리는 결말이 정해진 과정을 보는 듯한 느낌을 받는 것이죠. 재확인할 만한(혹은 그 가치가 위태로워지면 질수록 소설을 통해 확인해야 하는) 가치가 존재한다는 것을 보여 준다는 점에서 그 속의 시간은 그러한 가치에 대한 운명적 수용이나, 시간이 흐르면 갈등이 해소될 결말에 대한 낙천적인 믿음을 전제하고 있다고 생각합니다. 실제 일반적으로 예외적인 가문 태생의 뛰어난 인물들을 제시한 작품의 초반부가 이미 시간이 지나면 갈등이 해소될 것임을 알리고 있다고 읽히지요. 그리고 서사를 구성하는 체계가 자연 시간을 많이 닮고 있는 점도 그렇고요. 어떤 의미에서 인물들에게 갈등이 (대부분 갑자기, 혹은 부당하게) 일어 나는데, 갈등을 만들어 내는 시간을 잘 감내한다면 해결되리라는 것 을 암시하는 요소들이 산재해 있지요.

Q 근대화 과정에서 처음으로 시가 남성화했다고 말씀하셨죠? 소설을 가지고 시간과 공간을 얘기하니까 페미니즘적 시각이 두드러지는데 그렇다면 시가 남성화했다는 것이 갖고 있는 함의는 무엇인가요?

A 그것은 언어관에 대한 문제이기도 한데, 서구적인 언어관과 비교해 볼 때 우리의 언어적인 기능은 제가 의미적 언어라고 표현한 것에 가까이 있습니다. 짧게 요약하면 의미적 언어는 사전적 언어, 공적 언어예요. 언어의 사회적 기능 자체가 어떤 면에서는 공적 가치와 맞닿아 있고 초월적이에요. 즉 언어는 목적성을 가지고 있고, 가장 쉽게는 도구적인 게 있을 수 있는데 우리의 전통 속에서 문학도 마 찬가지로 도구적일 뿐만 아니라 더 넓게는 문학이 받아들여지고, 언 어가 받아들여지는 이유는 그것이 무언가에 기여를 하기 때문이거 든요. 그것이 현대까지 이어져 오는 이유는 문학적 가치가 문학적 기준 이외의 것에 의해 평가됨을 의미하죠. 그것은 한편으로는 문학 을 지배하는 권력 구조가 있다는 얘기죠. 권력은 정치일 필요는 없 어요. 공통적 함의일 수도 있고, 사회적 정당성, 문학 상위의 개념들 등 여러 가지일 수 있죠.

시의 경우는 특히 그렇죠, 우리에게 시 장르는 늘 중요했는데, 예를 들면 시는 왕을 능가하지 않는 선에서 최고의 가치로 용인된 것 같아요. 시 장르가 충분히 다양한 제도 속에서 인정되고, 자산적, 상징 자본적 가치가 인정되었음에도 불구하고 늘 하위 개념으로서 존재해 왔기 때문에 제가 느끼기에 시적 자아는, 문약이라는 말이 있듯이 애초에 공적인 인준의 테두리 안에서 존재하고 그것이 전통시에 드러나는 여성적 자아의 특징을 설명할 수 있는 한 문은 되는 것 같아요.

어떤 여성 시인이 한국시가 1980년대 민주화 과정에서 남성화되있다는 말을 했는데 흥미롭게 들었습니다. 제 생각에는 이미 근대를 받아들이던 초기에 과거의 시적 정서와는 다른 요소들이 표현되기 시작했다고 생각합니다. 근대성의 다양한 특질들이 그 자체 남성적으로 재편성되었듯이 근대에 서구 자유시가 들어오면서 한국 시의 시적 자아도 과거와는 다른 글쓰기를 준비했다고 생각합니다.

Q 그렇다면 남성 시인들은 새로운 정체성을 만들었나요, 그리고 시가 남성화했다면 시인, 시가 차지하는 위치 자체도 올라간 것이었나요?

A 근대적 정체성의 다양한 부분들을 만든 거는 확실하죠. 예를 들자면 신동엽의 「금강」을 읽다 보면 어느새 근대 이전으로 거슬러 올라가는 우리의 원천에 대한 설명을 듣고 있지 않습니까? 그런 예에서도 보이듯이 근대 남성들의 시(때로 분명한 서정시)에는 강력한 통시적 정체성의 축조의 의지가 있다고 봐요.

두번째 질문, 남성화된 시인의 위상이나 권력에 대해서인데, 근대에 시나 시인의 위상은 축소되었으나 시인의 말이나 행위는 여전히 전통 사회에서 시가 지니고 있던 상징 자본으로의 역할을 권력과의 관계를 통해 다른 식으로 하고 있었다고 생각합니다. 근대성의 반영이라고 해석할 수 있다고 봅니다. 그런 의미에서 전통과 근대가 만난다는 생각을 해요. 남녀를 불문하고 작가 의식은 실제 근대적 특성인 것 같아요. 언어의 소유 의식, 언어의 자기화 의식은 근대에 들어 전격적으로 이루어지죠.

Q "여성적 글쓰기의 미학"이라는 부분이 걸리는데요.

A 근대가 받아들인 규범화된 문학적 가치들이 있습니다. 그래서 그것을 전수하고 유지하기 위해 학교를 비롯한 문학의 제도가 필요하죠. 미학은 곧 이념 혹은 세계관의 형식적인 표현이라는 뜻으로 사용한 것인데, 여성 소설과 근대성 사이의 관계를 생각하다가, 여성적 글쓰기에 대해 관찰된 특징들을 통해 여성들이 지니고 있는 가치관의 구성 요소들을 천착해야겠다는 생각이 들었죠. 여성의 글쓰기의 특징들은 근대성에 대한, 남성의 근대 미학에 대한 비판, 도전, 거부로 읽힐 수 있는 가능성들을 타진하고 싶었어요.

주

1. 1970년대에 활발하게 이루어진 Michèle Montrelay(1997, 「L'ombre et le nom」, Eds. de Minuit)을 비롯한 정신 분석학적 페미니즘이 강조했던 여성 · 남성의 성적인 차별화의 시각이나 게오르그 짐멜(1993, 『여성 문화, 남성 문화』, 이화여대 출판부)의 견해 참조.

참고문헌

강금숙 외, 1996, 『한국 페미니즘의 시학』, 동화서적.

또 하나의 문화, (1987) 1994, 『여성 해방의 문학』, 또 하나의 문화 제3호, 도서출판 또 하나의 문화

모이, 토릴, 1994, 『성과 텍스트의 정치학』, 한신문화사.

서강 여성 문학 연구회, 1998, 『한국 문학과 모성성』, 태학사.

여성사 연구회 편, 1985, 『여성』, 창간호, 창작과 비평사.

월터스, 수잔나, 1999, 『이미지와 현실 사이의 여성들』, 김현미 · 김주현 · 신정원 · 윤자영 옮김, 도서출판 또 하나의 문화.

크리스테바 외, 1988, 『페미니즘과 문학』, 김열규 외 옮김, 문예출판사.

펠스키, 리타, 1998, 『근대성과 페미니즘』, 거름.

편집부 편, 1996, 『소설과 사상』 여름호, 고려원.

한국 문학 연구회, 1997, 『페미니즘과 소설 비평 ― 현대편』, 한길사.

한국 여성 연구회, 1991, 『여성과 사회 2』, 창작과 비평사.

_____, 1994, 『여성과 사회 5』, 창작과 비평사.

_____, 1997, 『여성과 사회 8』, 창작과 비평사.

Clément, Catherine, 1975, Hélène Cixous, La jeune née, Union Générale Editeurs, coll. 10/18.

Duby, George, 1992, Michele Perrot, Histoire des Femmes XIXe siecle, XXe siecle, Eds.Plon.

Irigaray, Luce, 1974, Speculum de l'autre femme, Eds. de Minuit.

Kristeva, Julia, 1974, Des Chinoises, Eds. des Femmes.

_____, 1983, Histoires d'amours, Eds. Denoel.

Montrelay, Michèle, 1997, *L'ombre et le nom*, Eds. de Minuit.

소수 집단 문학으로서의 여성 문학과 그 정치학

— "세계 문학"과 "민족 문학"의 패러다임을 넘어서

김영옥

문제 제기

올해(1999)는 괴테 탄생 250주년이 되는 해였다. 이를 계기로 일년 동안 독일어 문학 연구권 내외에서 괴테를 둘러싸고 상당히 다양한 인문학적, 문화적 행사와 사건이 있었다. 괴테의 탄생 250주년이라는 것 자체가 이미 어느 정도는 세계적인 사건으로 등장했는데, 그것의 문화 정치적 효과는 독일이 올해 유럽의 문화 국가로 선정되고, 괴테가 문화 행정관으로 근무했던 도시 바이마르가 유네스코에 의해 문화 도시로 선정되는 데서 잘 드러나고 있다. 독일은 유럽 연합을 중추적으로 이끌고 있는 기본 세력 아닌가? 유럽의 다른 나라들은 괴테가 60년 동안 정치/문화 영역에서 주도적으로 활약했던 바이마르를 문화 도시로 만들어 주는 등 세련된 문화적 외교 정치를 펼침으로써 독일에 대한 후한 관심을 과시할 수 있었을 것이다. 독일 내에서의 파장은 물론 두말할 나위 없이 큰 것이었다. 괴테의 불후의 명작이라고 평가되는 『파

괴테

우스트 1 · 2부』는 다양한 모습으로 무대 위에 올려졌고, 그중 바이마르에서 기획된 한 공연은 8시간이 넘는 스펙터클을 보여줌으로써 남다른 센세이션을 일으키기도 했다.

그런데 문제는 괴테 탄생 250주년이 한국에까지 막대한 영향을 끼쳤다는 것이다. 특히 독문학회 내에서는 괴테와 괴테식 인간관 및 세계관을 통해 우리 나라에서 지금 심각하게 논의되고 있는 인문학의 위기, 정신의 퇴락, 문화의 상업화 및 유년화 등을 막을 수 있는 어떤 대안을 세울 수 있지 않을까 하는 쪽으로 전체 기획이 움직였다. 영화, 광고, 인터넷 등 이미지를 통한 재현 및 소통 체계가 현실을 설명하고 생산해 내는 가장 강력한 신화 체계로 구축되던 지난 수년 간 활자 문화의 위기에 대한 진지한 토론이 끝없이 이어졌다. 거의 모든 인문학자들이 화두처럼 이 문제에 매달렸다고 해도 과언이 아닐 것이다. 이런 상황에서 괴테와 셰익스피어의 문학이 특별한 주목을 받았던 것이다. 내게 이러한 현상은 그렇게 자연스럽지만은 않은, 깊이 생각해 보아야 할 어떤 계기로 비쳤다.

괴테를 읽지 말자, 또는 『파우스트』를 더 이상 상연하지 말자는 식의 이야기를 하려는 것은 물론 아니다. 문제는 21세기가 시작된 지금 동아시아의 한국 사회에서 250년 전 독일에서 태어난 괴테와 그의 『파우스트』를 다시 인문학과 문화의 현장으로 불러낼 때 "어떤 방식"으로 불러낼 수 있을까 하는 것이다. 많은 설명 방식들이 있었지만 1년 내내 괴테에 대한 논의를 활성화시키면서 고려된 기본 테제는 괴테가 주창한 "세계 문학" 개념을 바탕으로 맹목적 경제주의로 치닫고 있는 지구화에 대항할, 그리고 앞에서도 말했듯이 활자 문화의 위기를 극복할 힘을 길러야 한다는, 기를 수 있다는 역설이었다. 이것은 내게 한국의 근대화 과정과 세계 문학의 관련성에 대해 여러 가지 생각을 하게 해주었다. 오늘 여러분과 함께 나눌 이야기는 이러한 생각들의 연장선상에 있다. 아직 과정중에 있는 생각들이라 비체계적인 모습을 띠고 있다. 여러분들의 양해를 구한다.

한국 사회의 근대화 과정에서 서구의 근대 혹은 근대 서사는 어떤 방식으로 문학을 통해 인식 혹은 재현되고 있는가라는 질문에서 출발하고 있는 본 강의는 "페미니즘 시각으로 다시 읽는 근대 서사"라는 더 넓은 관련망 속에서 세계 문학, 근대화, 민족 문학, 여성주의 문학 등 몇 개의 축을 따라 움직일 것이다. 문학이라는 재현 체계 내에서 볼 때 서구의 근대는 소위 "세계 문학"이라는 대서사를 경유해 한국 사회에

소개되었다. 이미 본질적인, 그리고 보편적인 가치로 간주된 세계 문학은 서구의 경계를 넘어 일정한 번역 문화의 통로와 규율들을 통해 비서구에 이식되면서 서구가 구성해 놓은, 구성하고 있는 근대화의 담론들을 소위 "이곳"에서도 별다른 저항 없이 "자연적인 것"으로 사유하고 모방하게끔 만드는 데 절대적인 공헌을 한다. 이것은 문학 자체를 둘러싸고 있는 인식의 틀, 즉 문학은 논리적이며 합리적인 언설 체계의 한계를 극복하면서 더 폭넓은, 다양한 인간 세계를 상호 주관적으로 교감하게 한다는 인식의 틀 안에서 이루어졌기 때문에 그 효과면에서 더 광범위하고 더 견고할 수 있었다.

세계 문학과 한국 근대화 과정이라는 맥락 속에서 "세계 문학"을 질문으로 구성할 때, 다시 말해 세계 문학이라는 개념의 구성성 및 역사성을 이데올로기 비판적으로 읽어낼 때 내가 통과하는 또다른 지점은 민족 문학이다. 그리고 여성주의 시각에서 이루어지고 있는 이러한 사유는 궁극적으로 세계 문학과 민족 문학을 포함한 근대 서사의 젠더화과정을 비판적으로 가시화시키면서 여성 문학의 범주를 그려 보이는 방향으로 흘러들 것이다.

세계 문학에 대한 어떤 대항적 담론을 찾을 때 쉽사리 떠올릴 수 있는 것 중의 하나가 "민족 문학"일 것이다. 특히 분단의 현실을 살고 있는 한국 사회에서는 그 동안 민족 문학에 대한 논의가 대단히 지속적으로, 활발하게 진행될 수밖에 없었는데 전지구화가 실현되고 있는 지금 민족 문학에 대한 논의는 민족주의에 대한 논의와 함께 새로운 국면을 맞이하고 있는 것으로 보인다. 더 이상 일국주의적 사고 유형이 작동되지 않는, 전지구화와 지역적 특성화가 교묘하게 얽혀들고 있는 글로컬리제이션(Glocalization) 시대, 그리고 이러한 상호 내파적 역동성이 무엇보다도 이미지의 권력 메커니즘에 기반한 상품의 문화화, 문화의 상품화 현상을 통해 실현되고 있는 시대 — 이 시대에 가장 많이 거론되고 있는 것이 지역 정체성의 위기일 것이다.

이러한 위기의 시기에 재정비된 "세계 문학"의 패러다임이 정신적 혹은 인문주의적 태도의 올바른 지구화에 기여할 수 있을 것인가, 아니면 특정한 방식으로 재조직된 "민족 문학"으로 전지구화에 의한 지역 정체성의 위기에 대항해야 할 것인가? 페미니즘의 시각에서 볼 때 "세계 문학" 그리고 "민족 문학"이라는 두 개의 패러다임은 모두 젠더화되어 있는 것으로 다시 말해 진정한 타자성을 체득하지 못한 남성 주체의 자기 현시로, 그래서 비판적이고 해체적인 독법이 아니면 관계 맺기가 상당히 불편한 재현 세계로 나타난다. 그렇다면 "세계 문학"으로 대변되는 소위 "문학 그 자체"의 성전과, "민족 문학"으로 대변되는, 다분히 일의적으로 구성되고 주장되는 소위 "지역적 특수성을 강조한 정체성 문학"과는 다른 주변(부) 문학으로서의 여성주의 문학은 어떤 양상을 띠고 있는가, 그 두 문학 체계와 어떻게 다른가, 왜 다를 수밖에 없는가?

파우스트와 룰루 : "근대"의 남성적/여성적 젠더화 과정

도대체 파우스트는 누구인가? "근대"라는 일견 추상적으로 보이는 개넘 또한 젠더화된 것임을 설득력 있게 밝히고『근대성의 젠더』에서 리타 펠스키는 근대를 남성적으로 이해하게 만드는 상징적 인물로서 파우스트를 인용하고 있다. 파우스트야말로 우리가 근대를 어떤 남성적인, 소위 진취적인 힘으로 이해할 때 우선적으로 떠올리게 되는 인물 유형이라는 것이다. 과거와의 단절을 실현시키는 힘, 그리고 주체로서의 자신의 내적 가능성을 무한대까지 추진시키게 하는 힘, 우리가 근대를 이 두 가지 힘을 축으로 하는 긍정적 진행태로 해석하려고 할 때 파우스트는 이러한 근대를 가시적으로 체현하고 있는 전형적인 인물 유형이다.

이때 우리에게 중요한 것은 파우스트가 내적 추동력을 실현시키는 과정에서 오랜 기간 동안 매혹당해 있던 그레트헨이라는 여자가 그러한 근대의 서사에서 차지하는 위치는 어떤 것인가, 어떤 식으로 해석될 수 있을 것인가, 하는 질문이다. 그레트헨은 한동안 극단적인 자아의 해방을 찾아 탈영한 파우스트의 매혹의 여인이었는데, 결국 파우스트에게서 무참히 "버려지게" 된다. 그녀의 아름다움은 끝없이 앞을 향해 나아가는 파우스트의 행보를 "멈추게" 하는 소위 "전통적" 힘으로 이해되기 때문이다. 순진 무구한 처녀, 처녀라는 명명조차도 불필요하게 만들어 버리는 그레트헨은 전체 내러티브 내에서 보수적인, 극복되어야 할 수동적인 전통을 상징하는 것이고 그래서 파우스트는 그레트헨을 "넘어서" 계속 전진해야 했던 것이다.

그렇다면 그레트헨의 입장에서 본 근대의 모습은 어떠할까, 이런 식으로 텍스트화된 남성적 근대가 있다면 여성적으로 텍스트화된 근대는 없는가라는 질문을 여기에서 던져볼 수 있을 것이다.

펠스키도 언급하고 있듯이 여성적 모습으로 근대를 상상하게 만드는 인물은 프랑크 베데킨트의 룰루이다. 이 룰루가 재현하고 있는, 혹은 더 정확히 말한다면 그녀의 몸에서 작동되고 있는 섹슈얼리티의 히스테리성, 그리고 자기 자신을 확정된 주체성에 가두지 않고 끊임없이 상품처럼, 아니 조건 없는 선물처럼 상이한 계층의 다양한 남성들의 욕망에 내주는 그녀의 통제 불가능한 섹슈얼리티의 실현은 사회가 그 각각의 (특히 남성) 구성원에게 어느 정도 선험적으로 부과해 놓은 섹슈얼리티의 장치들, 그리고 정체성의 경계를 지워 버리면서, 그들을 파멸시키면서 궁극적으로 그 장치들을 허구적인 것으로 드러내게 된다. 룰루는 자기 자신을 온전히 비워 놓았기 때문에 "자기(self) 형성"의 목적론적 길을 내달리는 타자들의 욕망에 자유자재로 자신을 맞추어 나가는 인물이다. 히스테릭한 모든 종류의 섹슈얼리티를 만족시키는, 그러나 어떤 섹슈얼리티에도 자기 자신을 못박아 두지는 않는 이런 여성의 모습은 근대가 내장하고 있는 모호성과 신경질적인 산종적 형태와 목소리들 그리고 자기 모순성을 표현해 준다. 그리고 이와 유사한 모습으로 재현되고 있는 여성 인물이 에밀 졸라의 나나이다.

"보유"(補遺) 1970년대 한국 산업화 과정 속의 영자 / 경아 / 이화

여기서 흥미로운 연상 작용이 나타날 수 있다. 즉 도이치어권에는 베데킨트의 룰루가 있고 프랑스어권에는 졸라의 나나가 있다, 그리고 한국 사회에는? 1970년대 한국 사회에는 조선작/김호선의 영자, 최인호/이장호의 경아 그리고 조해일/김호선의 이화가 있지 않던가? 1970년대 문화계의 아이콘이었던 이 세 여성 인물들은 국가 주도형 자본주의에 의해 강압적으로 급속히 추진되었던 한국 근대화의 일면을 이해하는 데 어떤 단서들을 제공해 준다.

룰루가 19세기 이후 근대적 인간의 자기 이해에 핵심적인 키워드로 작용했던 섹슈얼리티를 재현하고 상징하는 인물이라면 나나는 마찬가지로 여배우고 창녀이지만 히스테릭한 방식보다는 상당히 자연주의적인 기법으로 외부 세계를 모방하면서 외부 세계를 움직이는 메커니즘 자체를 우습게 만드는 역할을 한다. 그리고 한국 사회에서 1970년대 소위 "대중/상업 소설"을 통해 등장한 후 영화라는 매체를 통해 폭넓은 대중성을 획득한 세 여자 유형들, 경아/영자/이화는 한국 사회에서 근대화가 얼마나 폭력적으로, 가부장적으로, 그리고 관계 파괴적으로 진행되었는가를 훼손되고 파괴된 몸을 통해 가시화시킨다. 그녀들의 몸은 군국주의적으로 진행되는 근대화의 소용돌이에서 여러 겹으로 뒤틀린 남성 주체들의 왜곡된 욕망들이 배설되는 장소로 소비되면서 자본주의적 근대화의 소비 문화 자체를 선전하고 동시에 그 이면에서 배신하는 효과를 내고 있다.

시골에서 상경해 가정부가 되었다가 주인집 남자들(!)에게 강간당한 다음 빠걸, 차장 등 다양한 고난의 정거장들을 거쳐 결국 술집 여자로 정착되는 "영자"를 보자. 미어 터질 듯 손님을 태운 후 문에 매달린 사람들을 안으로 밀어 넣기 위해 위험한 S곡선으로 달리던 버스에서 결국 사고로 팔을 "날려 버리는" 차장 영자. 그녀의 팔이 잘려 나가 하늘 높이 치솟는 장면은 특히 영화 「영자의 전성 시대」에서 수직적 상승의 욕망에 맹목적으로 매달리던 당시 한국 사회의 근대화가 얼마나 위험한 것이었는가를 명시적으로 포착해 내는 데 성공하고 있다.

그리고 경아는? 단순히 물질적 이유로 첫번째 남자에게 배신당한 후 생에 대한 무한한, 천진난만한 긍정성과 희망에도 불구하고 결국은 알콜 중독자 창녀로 생을 마감하게 되는 경아. 지속적으로 강조되고 있는 그녀의 섹슈얼리티, 그녀를 소유했다 버리는 남자들의 욕망을 유감없이 실현시켜 주곤 했던 그녀의 "통통하고 작은" 몸은 근대화의 주체로 호명된 남성 자아에 음화로 새겨진 도시적 충격과 황폐함, 도전과 실패의 불안 등을 떠맡아 안전하게 방전시키는 기능을 수행한다.

마지막으로 이화를 보자. 그녀는 외견상 가족의 이기주의를 논하며 결혼과는 무관하게 주변에 있는 모든 남자들에게 ― 이들의 대부분은 독재 체제에 저항하는 남성 지식인들이다 ― 자진해서 자신의 몸을 "제공"하는 소위 "순결한" 여자이다. 남성 지식인의 내면이 투영되는 몸이기에 특별히 교양 있는 중산층 집안의 딸이며 대학생인 신분으로 등장하는 그녀의 몸은 영자나 경아의 몸과는 달리 완전히 탈성애화되어 있다. 그녀는 어떤 남자와의 관계에서도 쾌락을 느끼지 않는다. 남자를 품에 안으며 그녀가 느끼는 것은 상대방에 대한 깊은 연민일 뿐이다. "온갖 모순을 안고 폭력적으로 진행되는 탈식민 한국 사회에서 근대화의 주역이, 그리고 동시에 노예가 되어야 하는 한국 지식인 남자들은 불쌍하다, 그러니 그들을 모두, 예외 없이, 사랑해 달라"는 "숭고한 모성애적" 과제가 부과된 여대생 이화의 몸. 여기서 이화의 몸이 충실하게 실현하고 있는 것은 바로 신사임당의 모성애적 덕목이다.

이렇듯 민족주의적 정서로 국민을 재결합시키기 위해 신사임당과 이순신 장군을 상징적 모델로 정형화시킨 당시 국가 이데올로기의 문화 정책을 바로 그 국가 이데올로기를 비판하기 위해 씌인 — 적어도 작가의 말을 빌자면 — "알레고리적 징치 소설"이 그대로 재생산하고 있다는 사실은 한국 근대화의 가부장적 성격에 대해 많은 것을 이야기해 주고 있다. 군국주의적 국가와 그 반대편에 서 있는 저항 세력 모두가 여성의 몸을 이해하고 소비하는 방식에서는 아무런 갈등 없이 은밀한 연대 의식을 발휘하고 있었던 것이다. 그리고 이것은 지금도 크게 달라지지 않은 것으로 보인다.

서구에서 룰루와 나나가 다양한 방식으로 근대의 다양성과 모호성, 착종 상태, 일회적으로 고정시킬 수 없는 의미 등을 산종적으로, 해체적으로 보여 주고 있다면 우리 나라의 영자/경아/이화는 근대화 자체의, 혹은 근대화로 인해 손상된 남성 주체의 외상(trauma)을 형상화시키는 자리에 머물러 있는 것으로 나타난다.

『파우스트』: 근대 서사 문학의 욕망과 영토화의 욕망

이제 괴테의 『파우스트』가 어떻게 전형적인 방식으로 근대의 대서사를 엮어 내고 있는가를 살펴보자. 프랑코 모레티의 『근대의 서사 문학』

은 이 질문을 아주 심도 있게 다각적으로 다루고 있는데, 모레티가 던지는 첫번째 질문은 도대체가 18세기와 19세기 사이에 근대의 서사라는 학문 체계에 대한 욕구가 있었는가 하는 것이다. 서사라는 말은 일반적으로 고대 서사, 즉 고대 희랍, 고대 그리스의 서사를 가리키는데, 전통과의 단절을 자기의 존재 조건으로 삼는 근대가 서사에 대한 욕구를 지니고 있었는가, 있었다면 그 까닭은 무엇인가 등의 질문을 제기하고 있는 것이다. 왜일까? 서사라는 것은 본래 삶의 지표들을 모아 놓은 일종의 모음집 같은 것이다. 한 인간이 특정한 문화적 코드로 얽혀 있는 사회 "안으로 태어나 들어갈" 때 어떻게 하면 큰 잘못 없이 그 사회의 구성원으로 잘 편입해 "들어갈" 수 있을 것인가에 대한 답변으로서의 행동 지침 혹은 행동 양식들을 보여 주는 것이 서사인 것이다.

그렇다면 근대의 첫번째 전제 조건이 사회에 대한 개인의 주체성 및 자율성 주장이라면 그 곁에 어떻게 서사 욕구가 싹트고, 게다가 번성할 수 있겠는가? 일반적인 문학사에서 이 서사 양식은 일종의 사멸하는, 또는 사멸한 장르로 기억된다. 그리고 그 자리에 들어선 근대적 문학 형태가 소설이다. 그래서 소설은 서사 문학의 서자라고 불리기도 했다. 옛날옛적에 다 죽어 버린 장르로서의 서사 문학(Epic)과 그 이후 번성한 소설 문학(Roman)의 차이를 두고 벤야민은 "공동체, 즉 우리와의 그 어떤 연계점도 찾지 못한 채 나는, 나는, 나는… 하면서 자신의 고립된 존재, 분절된 경험을 기록하는 것이 바로 소설이다"라고 설명했으며, 호미 바바는 분절된 개별적 경험을 담고 있는 이러한 소설 텍스트에서 근대의 "민족" 개념이 앤더슨이 말하는 것처럼 그렇게 성공적으로 단일하게 상상된 것은 아니라는 증거를 보았다.

그러나 모레티는 아주 간단한 논리로 서사에 대한 근대의 집요한 욕구를 밝혀 내고 있다. 만일 근대가 단일한 세계관을 전제로 하고 있다면, 다시 말해 그런 단일한 세계관에 대한 "욕구"가 존재한다면 그것은 실제로 근대가 단일한 세계관에 대해 양가적인 태도를 가지고 있음을 의미한다는 것이다. 즉 근대는 사람들이 주장했던 것처럼 전통과의 단절, 씩씩한 홀로 서기를 그렇게 성공적으로 이루어낸 것은 아니라는 것이다. 그렇다면 서사 양식에 대한 이러한 욕구의 이면은 무엇이겠는가? 여기가 바로 소위 근대 서사에 깃들여 있는 제국주의적 정치학이 드러나는 지점이다. 모레티에 의하면 제국주의적 욕망을 숨기고 있는 그러한 근대 서사의 가장 웅장한 본보기가 되고 있는 것이 괴테의 『파우스트』이다.

괴테의 『파우스트 2부』에서 서사의 무대는 종횡무진 바뀌는데 여기서 주목해야 할 것은 그 바뀌는 무대가 공간이 아니라 시간이라는 것이다. 파우스트는 헬레나가 살았던 시공간으로 날아가는가 하면 또다른 신화적 시공간으로 날아간다. 파우스트와 헬레나의 결합은 낭만주의적 북방 문화와 고전주의적 헬레니즘 문화의 융합을 상징하고 있다. 일반적으로 제국주의적 혹은 침략주의적 욕망이 서술될 때 그것은 영토, 다시 말해 공간의 범주에서 이루어지는데, 여기서는 그 공간이 교묘하게 시간의 범주로 바뀌고 있음을 알 수 있다. 그래서 외견상 영토화와는 아무런 상관이 없는 듯 보이는 괴테의 『파우스트 2부』가 담고 있는 지그재그식 종횡무진의 시공간 여행들은 독일이 영토/공간적으로 실현시키지 못했던 제국주의적 야망을 달성하려는 서사적 욕망을 보여 주고 있다는 것이다.

우리가 근대와 근대성, 그리고 서구 중심주의적 지리 정치학에 대해 성찰할 때 지속적으로 부딪치게 되는 것이 바로 근대의 시간 개념일 것이다. 서구가 근대화를 추진시킬 때 어떻게 시간이라는 범주를 사용해 소위 시간적으로 "뒤처져" 있는 비서구를, 그렇기 때문에 시간적으로 앞서 있는 서구에 의해 계몽되고 보호받아야 할 나라들로 설명하는지를 상기하는 것이 유용할 것 같다. 일단 공간적으로 평등한 문화적 차이들이 이야기된다. 그러나 근대의 핵심 범주인 시간이 은밀하게 적용됨으로써 이 차이의 다양성은 역사 진행 과정의 "먼저"와 "나중"으로 해석된다.

모레티에 의하면 괴테의 『파우스트』는 이 전략을 거꾸로 이용하고 있을 뿐이다. 겉으로 보기에는 풍부한 수사학과 신화적 보물들로 가득 찬, 한 근대적 인간의 내면을 깊이 있게 총체적으로 성찰하고 있는, "순수 문학"의 본령이라고 일컬어지는 저 세계 문학 『파우스트』 속에서 진행되고 있는 시간 이동은 그 이면에서 볼 때 "영토에 대한 제국주의적 야심"을 드러내고 있는 것이다.

괴테의 "세계 문학" 정의와 한국에서의 민족 문학

괴테는 독일에서 처음으로 "세계 문학"(Weltliteratur) 개념을 발명하고, 그것의 중요성을 힘주어 강조한 작가이다. 그가 이해하고 있는 세계 문학은 어떤 것인가? 우선 그가 이 세계 문학이라는 말을 시작한 시점이 예사롭지 않다. 1789년 프랑스에서 혁명이 일어났을 때 독일의 지식인들 또한 혁명에 대한 열정을 불태웠다. 그러나 프랑스 혁명이 피의 혈전으로 치닫는 것을 보고 그들은 혁명의 장을 정치적 영역에서 정신적 영역으로 이전시키게 된다.

바이마르 고전주의라 일컫는 독일 고전주의를 전개시켰던 괴테와 쉴러는 이런 맥락 속에서 지상의 유토피아 건설은 정치적 혁명이 아닌 미학적 교육을 통해서만 이룰 수 있다는 믿음을 다지면서 「미학 편지」를 집필하고(쉴러), "파우스트"라는 인물 유형을 창조하기 시작한(괴테) 것이다. 괴테가 고전주의 문학/문화 이론을 펴면서 적극적으로 "세계 문학"의 필연성을 언급하기 시작한 것도 이때이다. 그는 심지어 자연 과학자들과 의사들의 집회에도 참석해 세계 문학을 개진할 시간이 왔음을 강조하곤 한다.

여기서 우리는 프랑스 혁명이라는 사건을 통해 독일 지식인들에게 근대적 의미의 타자 인식이 그리고 그와 더불어 "세계"라는 개념이 생성되기 시작하고 있음을 살펴볼 수 있다. 독일은 그 당시 굉장히 많은 소규모 봉건제들이 난립해 있었기 때문에 "세계"라는 인식이 생성되기 힘든 조건에 있었다. 아주 거칠게 요약해서 말하자면 유럽 내에서 정치적으로나 경제적으로 열등한 후진국이었던 독일의 지식인들은 프랑스에서의 역사적 사건을 통해 근대적 의미의 타자/자아 인식을 하게 되었고 이것이 "세계" 문학이라는 개념틀에까지 이어졌던 것이다. 그리고 바로 그때부터 괴테는 자본주의 정신에 대해 눈을 뜨게 된다.

괴테의 "세계 문학" 정의는 이런 맥락에서 볼 때 매우 흥미롭다. 그에 따르면 "세계 문학"은 "세계의 문학"이 아니라 이웃해 있는 나라의 작가들이 서로 교류하면서 서로의 정신적 서사물들을 "무역하는" 것이다. 정신물의 교역을 강조하기 위해 괴테가 상품의 교역을 예로 드는 것은 의미심장하다. 상품을 교역하듯이 정신물을 교역해야 한다는 것이다. 그의 세계 문학 개념은 이처럼 철저히 경제적인 논리하에서 전개된다. 분명 경제적 논리에 기반하고 있는 괴테의 이 말은 여전히 문학 연구가들에 의해 "정신적 소산물을 세계의 역사적 정세 및 현장 내에 있는 역동적이고 생동적인 힘으로 파악"한 증거로만 이해되고 있다.

그러나 괴테의 이 세계 문학 정의는 보는 시각에 따라서는 그의 정신주의, 혹은 인문주의 정신에 바탕을 두고 있는 역사적 앙가주망의 강조라기보다는 근대 서사에 대한 괴테의 욕망으로 해석될 수도 있다. 즉 그의 세계 문학 이해는 조금 전에 살펴본 근대 서사에 대한 욕구, 즉 근대성을 자본주의식, 서구식으로 추진시키고자 하는 욕구의 징표가 된다는 것이다. 괴테는 거의 60여 년 간 지속적으로 『파우스트』를 쓴다. 소위 질풍 노도의 시기에서 시작해 프랑스 혁명 시기를 지나 바이마르의 문화 정책관 시기도 다 거친 다음 죽기 직전까지, 즉 거의 전 생애에 걸쳐 이 『파우스트』 집필에 매달린 것인데, 이것은 결국 괴테가 자기 자신을 독일 민족과 국가를 대표하는 문화인으로 이해해 나가는 과정 속에서 『파우스트』를 집필해 나갔다는 것이다. 괴테의 그러한 "자기 이해"와 "자기 구성"의 전 과정이 바로 이 텍스트에 집결되어 있는 것이다. 이런 의미에서 소위 "순수 문학"의 본령에 괴테의 『파우스트』를 위치시키면서 파우스트적 혹은 괴테적 세계 문학으로 경제/정치적 지구화의 위험에 대항할 수 있는 문화적 지구화를 꿈꾼다는 것은 납득하기 힘들다.

이제 민족 문학에 대한 이야기를 조금 해보자. 지난 몇 년 간 민족 문학에 대한 새로운 논의들이 꾸준히 있어 왔다. 1980년대 말 1990년대 초 세계 이곳저곳에서 사회주의가 무참히 와해되는 역사적 현실에 직면해 민족 문학 진영은 새로운 운동의 가능성을 모색하면서 "민족 문학"의 변화 가능성 또는 필연성을 함께 논의하게 된 것이다. 1998년 『창작과 비평』 100호 기념으로 마련된 민족 문학 논의를 중심으로 최근에 일고 있는 민족 문학 논의의 맥을 짚어 보자.

민족 문학 개념을 한국 문단에 적극적으로 도입했던 백낙청이 민족 문학을 개념화하면서 염두에 두었던 것은 민족, 민중, 민주였다. 그렇다면 민족 문학과 국민 문학은 어떻게 다른가? 그의 말에 따르면 "민족 문학"에는 일본국 신민으로서의 국민 문학이나 분단국 한쪽만의 국민 문학을 거부한다는 의지가 표명되어 있다. 영어의 내셔널 리터러쳐(national literature)는 한국어에서 국민 문학 혹은 민족 문학이라는 두 개의 용어로 번역될 수 있다. 그런데 왜 우리는 굳이 국민 문학, 민족 문학을 나누어 생각해야 하는가? 그의 대답은 이렇다. "우리 나라에 처음으로 국가가 형성된 것은 일제 식민지를 통해서였고, 따라서 우리의 국민 문학에는 일본 식민지 당시의 문학이 내포되어 있기 때문에 그것을 거부하는 의지가 있는 것이다. 또한 국가가 남북으로 분리되어 있는데 어떻게 우리만 국민이라는 말을 쓰느냐? 그러니 우리는 국민 문학이란 말 대신 민족 문학이라는 말을 쓰겠다.” — 이렇게 해서 민족 문학이라는 말이 생긴 것이고 이 민족 문학은 따라서 “민족주의 문학”은 절대 아니라는 것이다.

그런데 상당히 놀랍게도 백낙청이 민족주의 문학과 민족 문학을 엄격히 구분하려는 이유 중 또 하나는 세계 문학에 대한 신념 때문이다. “나는 민족 문학을 논의해 온 이래로 누누이 민족 문학이 세계 문학의 하위 체계로 존속되어 있음을 강조한 바 있다”고 그는 여전히, 즉 민족 문학 개념을 새로이 논의해야 한다는 성찰적 당위성이 높아가고 있는 지금까지도 강조하고 있다. 그가 세계 문학이라고 칭할 때 그곳에는 “문학 일반”, 그러니까 “문학 고유”라는 본질론적 미학 카테고리가 존재하는 것이다. 그렇기 때문에 “민족주의 문학”으로 세계 문학이라는 개념에 내포되어 있는 문학 “본질”을 거부할 수는 없다. 민족 문학을 하지만, 그리고 민족 문학을 통해 한국 사회를 특징짓는 정치 · 역사적 맥락과 이데올로기를 가시화시키지만 그 문학이라는 본령 안에서 궁극적으로 지향하는 것은 세계 문학이라는 것일 터이다. — 이 의지를 다시 한번 힘주어 표명하는 것으로 시작된 “새로운” 민족 문학 논의가 어떤 식으로 전개되었을는지는 미루어 짐작할 수 있을 것이다. 예를 들어 동구의 사회주의 국가들이 무너지고 거대 담론이 해체되는 역사적 현실 앞에서 백낙청이 제시하고 있는 제2의 민족 문학의 길 또한 질문의 여지를 주고 있다.

민족 문학이 민족의 현실에 충실함으로써 세계 문학의 길에 설

수 있다는 것을 항상 강조해 온 편이다. 그러나 전 지구 시대의 현 정세는 민족 문학의 이바지가 필요할 정도로 세계 문학의 형태가 헝클어진 형국이다. 그렇기 때문에 이 세계 문학의 위기, 문학의 전 지구적 위기를 논하는 것이 지금 전 지구를 위해서도 그리고 민족 문학을 위해서도 절실하고 필요한 일이다.

백낙청의 이러한 민족 문학 수성론에 의견을 함께 하는 젊은 평론가 임규찬 또한 "문학 본연"의 창조성 탐구를 거듭 강조한다. 민족 문학의 주된 관심사는 분단 체제의 극복, 세계 문학 및 문학 예술론 일반의 옹호에 있음을 강조하고, 그러나 바로 그렇기 때문에 민족 문학이 계급 문제, 환경 문제, 성차별 문제 등을 관심 영역으로 끌어안을 수밖에 없다고 강조한다. 그리고 이렇듯 다양한 관심 영역을 끌어안는 것은 "민족주의" 영역에서는 할 수 없는, 민족 문학만이 할 수 있는 일이라는 것이다.

여기서 우리는 민족 문학이 그 동안 어떤 양상을 띠고 전개되어 왔는가를 상기할 필요가 있다. 민족 문학은 때로는 "농민 문학론"으로 때로는 "노동 문학론"으로, 그리고 또 때로는 "제3세계 문학론"으로 이해되기도 했다. 1980년대 주로 이야기되었던 방식을 염두에 두자면 민족 문학은 "민족적 민중 문학론", "노동 해방 문학론", "민족 해방 문학론" 등의 용어들로 불리는 다양한 실천 양상들 모두의 총합체인 것이다. 그러면서 민족 문학은 계속 수정안을 내놓고 있는데, 수정안의 마지막 이야기를 들어보자.

여태까지는 남북 분단을 인정할 수 없었기 때문에 남한만의 문학을 민족 문학으로 연구하지 않겠다는 태도를 유지했는데… 이제 세상의 정세가 달라져 더 이상 일국주의적 관점을 가지고는 지구 시대의 세계를 올바로 파악할 수가 없게 되었고 또 남한과 북한이 단절된 상태에서 너무 오래 살아왔기 때문에, 감수성이라든가 세계관이라든가 사유 체계 등이 너무 달라졌다. 그래서 남한 문학을 우리가 민족 문학의 시선으로 따뜻하게 감싸안을 수밖에 없게 되었다… 모든 상이한 저항 핵심들 사이에서 민주 소통을 지향하는 방향으로 나아간다. 그래서 민족 문학 진영이라는 고착화된 개념을 해체시켜야 되며, 차이를 존중하는 다전선 전략에 근거한 다양한 자아 실현과 민주주의의 지향으로 서로를 포용해야 한다.

이것이 최근 수정론의 달라진 내용이다. 이것은 듣기에 따라서는 대단히 자기 반성적인 면모를 지니고 있다. 그러나 여기에도 여전히 함정이 있다. 앞에서도 언급했듯이 이 수정론은 일단 백낙청의 "세계 문학 위기설과 그에 따른 민족 문학의 이바지설" 위에서 성찰되고 있기 때문이다. 문학 자체를 여전히 본질적인 범주로 사유하고, 그 안에서 세계 문학과 민족 문학 간의 "이바지"를 논의한다는 것은 여전히 불편한 걸림돌로 남는다. 사실 "세계 문학"이라는 것 자체가 일정 기간, 특정 이데올로기의 구축 과정에서 성립된 허구 아닌가? 윗글은 "민족 문학 진영이라는 고착화된 개념을 해체시켜야" 된다고 강조하고 있는데

내 생각에 이것은 민족 문학을 "민족"보다는 "지역"에 바탕을 둔 문학으로 재구성할 때, 혹은 민족이라는 개념 자체를 맥락적으로, 즉 "누구와의 관계에서, 누구에 의해 언급되고 있는 민족인가"를 고려하며 이해할 때, 그리고 "세계 문학"과 "민족 문학" ─ 나로서는 "지역 문학"이라는 말을 차라리 쓰고 싶은데 ─ 간의 지리 정치학적 관계를 제대로 고려할 때만 가능한 일이다.

민족 문학이라는 개념은 나라마다 즉 민족마다 이해되는 방식이 다를 것이다. 즉 상이한 각 나라에서 민족 문학이 "민족"과 "문학" 그 자체를 다양한 "나름대로의" 방식으로 고찰하고 해체시키면서 세계 문학의 허구성과 패권주의에 맞서 자기 문학의 지역적 특수성을 존중하는 방식으로 이해된다면 그때 민족 문학 및 민족 문학에 대한 담론은 "다양한 자아 실현과 민주주의의 지향"을 실현시킬 수 있을 것이다.

한국 사회에서 민족 문학이 여전히 특정한 헤게모니를 장악하고 있다는 것은 민족 문학이 "진영"으로서의 자기 기득권을 놓기가 힘들 것임을 시사해 준다, 그 무성한 반성들과 수정론에도 불구하고. 최근에 민족 문학은 환경 문제와 여성 문제까지 "끌어안겠다"고 다짐하고 있다. 환경 문제니 여성 문제니 하는 것을 여전히 소재적으로 이해하고 있음을 역으로 보여 주는 것 아닌가? 민족의 이름으로, 문학의 이름으로 역사에서 계속 지워지고 폐기 처분된 여성의 경험들과 목소리들. 여성이 민족과 문학과 그리고 물론 민족 문학과 어떤 불편한 관계에 있는지 민족 문학 "진영"은 한번이라도 곰곰이 질문해 보았을까?

소수 집단 문학으로서의 여성 문학

여성주의 시각에서 볼 때, 그리고 여성 문학이라는 입장에서 볼 때 세계 문학, 민족 문학, 문학 일반 등에 대응할 수 있는 문학 개념으로는 무엇이 있을까? "주변부 문학"이라는 의미에서의 "소수 집단 문학"이 한 적절한 제안이 될 수 있지 않을까?

"소수 집단 문학"이라는 개념은 들뢰즈에 의해 문화적으로 확산되었는데, 이 개념을 처음 구상해 낸 사람은 카프카였다. 카프카는 "작은 문학"(Kleine Literatur)이라는 말을 썼다. 그리고 작은 문학이라는 말을 쓸 때 그가 염두에 둔 사람이 바로 괴테였다. 괴테가 독일어권에서 얼마나 영향력 있는 작가였는지 그곳 사람들은 작가로서, 지식인으로서 "자기"(self)를 제대로 이해하고 구성하고자 할 때 괴테를 거대한 유령처럼, 그림자처럼 자기 뒤에 두곤 하는 것 같다. 괴테 – 괴물, 벤야민도 괴테 유령을 만나러 바이마르에 갔다온 다음 이렇게 괴테를 불렀다. 젊은 카프카 역시 괴테 – 열정에 사로잡혔다.

그러나 유럽을 떠도는 유태인들의 유랑 극단과 개인적으로 깊은 만남을 가지면서 그는 서서히 괴테라는 그 거대한 "아버지의 이름"에서 자신을 떼어놓는다. 그러면서 "작은 문학"이라는 개념을 발전시켜 나간다. 그의 고백은 단순 명료하다. "어차피 나 같은 사람은 세계 문학을 쓸 수 있는 사람이 아니다. 세계 문학은 각 개인의 능력이나 노력에 따라 이루거나 혹은 이룰 수 없거나 하는 것이 아니다. 그것은 언어 정치학적으로 규정된 맥락 속에서 태어나는 것이다." 카프카는 자신이

카프카의 생애를 다룬 스티븐 소더버그의 영화 「카프카」

누구인가를 통절히 알고 있었다. 체코에 살면서 독일어로 글을 쓰는 유태인, 삼중의 "주변인"이었던 카프카는 자기한테서는 도저히 세계 문학이 창출될 수 없음을 깨달았던 것이다. 그래서 그는 자신의, 자신과 같은 사람들이 속해 있는 소수 집단의 문학 세계를 위해 "큰 문학", 즉 "세계 문학"의 대응물로서 "작은 문학"이라는 개념을 만들어 냈고, 이것은 이제 들뢰즈의 문화 맥락적 번역을 통해 "소수 집단 문학"으로 우리에게 말 걸고 있다.

  물론 그 다음에 생각해 봐야 할 것이 카프카의 문학이 그렇다고 한국에서 "작은 문학"에 속하는가 하는 것이다. 스스로를 "작은 문학"으로 이해했던 카프카 문학이 세계 문학의 이름으로 한국에 도착해서 의혹의 여지가 전혀 없는 세계 문학으로 계속 작용한다는 것, 바로 이 역설이 우리로 하여금 다시 한번 세계 문학과 지역 문학, 즉 소수 집단 문학 사이의 끊임없는 진동을 계속해서 변별화시키고 정치화시킬 수 있는, 즉 그것의 기저에 놓여 있는 상대주의적 문화 정치학 자체를 직시할 수 있게 해주는 것 아니겠는가?

한국 전쟁 이후 많은 모더니스트들이 카프카를 상상하면서 자신들의 문학 활동을 시작했던 것은 잘 알려진 사실이다. 한국에서 특히 남성 작가들의 문학 계보를 살펴보면 — 사실 "기록된" 문학사를 참고로 할 때 여성 작가들의 계보에 대해 언급하는 것은 고통스러운 발굴 작업으로 남길 과제이다 — 지금 50대 후반, 또는 60대가 되는 사람들은 토마스 만이나 괴테를, 그 다음 세대부터 젊은 청소년들까지는 거의 입을 모아 카프카를 호명한다. "이웃 마을"이 너무 멀어 말 타고 떠날 엄두조차 내기 두렵던 카프카의 문학이 세계 방방곡곡에 미친 영향은 아마 괴테의 그것보다 한결 더 강렬했을 것이다. 그는 정말 명실상부한 "세계 문학"의 대변자가 되어 버렸다. "서구"의 문학으로 우리에게 다가온, "서구"의 주도적 언어들 중 하나인 "독일어"로 씌여 우리에게 "낯설게" 다가온 카프카는 바로 비서구에 대한 서구의 이 "번역의 특권"을 바탕으로 흔들 수 없는 견고한 세계 문학의 위상을 누리고 있는 것이다. 그래서 카프카는 "주변인"으로 연구되는 "중심인"인 셈이다.

문제는 어떻게 소수 집단이 자기 나름대로의 문학을(문화를) 이룰 수 있는가 하는 것이다. 소수 집단 문학이 궁극적으로 의미하는 것은 주류에 속하지 못한 비주류적, 주변적 소수 집단이 바로 그렇기 때문에 다른 식의 글쓰기를, 재현을 한다는 것을 의미할 것이다. 예를 들어 본토 영어를 쓰는 글쓰기 전통에 반해서 식민지 영어를 쓰는 나라들의 문학은 한결 더 적합하게 소수 집단 문학의 개념이라는 틀로 설명될 수 있겠다.

이제 이러한 맥락 속에서 여성 문학을 생각해 보자. 한국 문학이라는 문맥 내에서의 여성 문학은 이중, 삼중의 의미에서 주변 문학, 소수 집단 문학의 성격을 띨 수밖에 없다. 일단 세계 문학과의 일정한 거리 속에서 자신을 설명해 내야 하는 한국 문학은 이미 그 정체성 구성 과정에서부터 주변 문학적 특성을 지닌다. 이런 의미에서 나는 이미 앞에서 한국 문학을 "민족 문학"이라는 개념틀보다는 "지역 문학"이라는 개념틀로 파악할 것을 제인한 바 있다. 여성 문학은 이러한 지역 문학으로서의 한국 문학 내에서 한번 더 주변화되는 과정을 거친다. 인종이나 계급, 국가간의 경계를 고려한다고 할지라도 여성 문학은 오히려 한국 사회 내에서 여성 문학에 대해 막강한 규범 체제로 군림하고 있는 제도, 정전으로서의 한국 문학보다는 세계 문학 속에서 주변부의 위치를 부여받은 탈국가적 여성 문학과 더 쉽게, 기꺼이 연대할 수 있다. 세계 문학 내에서도 여성 문학은 이미 비주류 소수 집단의 주변 문학이기 때문이다. 그렇다고 이미 세계 문학 내의 어떤 한 지점을 획득하고 있는, 그런 의미에서 이미 어느 정도는 세계 문학의 권위를 누리고 있는 "그 여성 문학"과 한국 사회 내의 여성 문학이 지리 정치학적 고려 없이 단순 동격으로 만날 수 있다는 것은 아니다. 여성들간의 목소리에도 당연히 차이는 존재한다. 그 목소리가 어떤 언어 상징 체계 속에서 발화되고 있는가에 따른 가치 부여 기준은, 논리적으로는 허구이지만, 현실적으로 막강한 효과를 내고 있다는 점에서 실재인 것이다.

논의를 정리해 보자. 한국의 근대화는 언어 재현의 관점에서 볼 때 (거의 남성 작가로만 이루어진) 세계 문학의 주도하에 이루어졌고, 한국의 역사적 · 정치적 특성에 기초해 자신의 정체성을 키워온 (역시 거의 남성 작가로만 이루어진) 민족 문학 역시 세계 문학으로 대변되는 "문학 그 자체"라는 본질론적 틀 내에서 성장해 왔다. 이렇게 볼 때 한국에서 생성되고 유통되는 여성 문학의 자리야말로 세계 문학 및 민족 문학, 문학 일반의 제도들 안에 내포되어 있는 허구성을 가장 예리하게 드러내고 해체할 수 있는 자리일 수밖에 없다.

나는 한국 사회 내에서 그 어떤 제한적 형용사의 수식도 거부한 채 (대체적으로 순수 문학, 혹은 고급 문학 등으로 전제되어 온, 그러니까 엄밀한 의미에서 "순수" 또는 "고급" 등의 형용사를 필요로 했던) "문학 그 자체"를 믿고 실현해 온 문단뿐만 아니라 민족 문학 진영에 이르기까지 모든 문학 제도들이 이제껏 "세계 문학"이라는 그 허구에 대해 별다른 불편 없이 소위 "동료적 관계"를 유지할 수 있었던 것은 남성 주체가 자신을 가두어 놓고 있는 저 잘못된 주체의 믿음에 있다고 생각한다. 그것은 자신을 철저하게 타자로 인식할 수 없는, 자기 안에 깃들여 있는 수많은 타자성들을 고통스럽게 응시할 수 없는 어떤 허구적 안전 지대, 맹점 아니겠는가? 서구에서 "근대라는 기획"의 억압성을 비판하며 넘어가고자 한 사람들이 가장 집요하게 천착한 부분이 바로 주체라는 것은 이 맥락에서 중요한 지적이 될 것이다. 마찬가지로 포스트식민주의 논의를 가장 심도 깊게 활성화시킨 사람들이 대부분 식민지 경험을 살에 박고 살 수밖에 없는 "이민자"들이라는 것, 그리고 이 "이민자"들 중 많은 비중을 여성이 차지하고 있다는 것도 이 자리에서 다시 한번 기억해 봐야겠다.

여기서 "이민자"라는 말은 이중적인 의미에서 사용되고 있다. 일차적으로 이민자는 당연히 국가의 경계를 넘어 타지에 삶의 터전을 잡은 사람들이다. 그러나 더 나아가 식민지 경험을 "유전적 인자"로 안고 사는 포스트식민주의 국민들 또한 어느 정도는, 제 나라에 머물러 있어도, 금기를 명하는 타자의 목소리와 끊임없는 긴장 관계를 유지해야 한다는 측면에서 이민자적 존재치를 담지하고 있다. 그리고 여성은? 일체의 의미화 과정, 역사 쓰기 과정에서 배세되어 있기 때문에 "이미" 이민자적 위치, 타자의 위치에서 시작하는 여성은, 국경을 넘든, 포스트식민주의 영토 안에 머물러 있든, 한결 더 뒤얽힌, 서로 들고나는 여러 겹의 타자성으로 이루어진 이민자이다. 이들은 쉬임 없이 다양한 차이들의 "사이" 속에 있으면서 상이한 정체성들을 동사형으로, 수행적으로 구성해 내는 사람들이다. 그래서 이 "존재론적 이민자"들인 여성 작가들은 활자 문화와 결부된 한국의 근대화 과정을 그 착종과 절합의 얽힘 속에서 좀더 맥락적으로, 지리 정치학적으로 볼 수 있는 어떤 유리한 지점에 있다. 식민지 시대에 초등학교에서 일본어 수업을 받고 만 14세가 되었을 때 해방을 맞았던, 이후 한국 문단에 굵은 여성 문학의 한 계보를 이룬 박완서의 다음과 같은 고백을 들어 보자.

> 그러나 빼앗긴 모국어를 찾는다는 건 빼앗긴 성(姓)을 찾는 것처럼 간단하지도 순식간에 되는 것도 아니었다. 해방 후에 나에게 생긴 엄청난 사건은 갑자기 나에게 많은 책이 생긴 것이었다…
> 패전한 일본인들이 귀국하면서 그들이 쓰던 각종 세간들이 거리

로 쏟아져 나왔는데 그중엔 책들도 많았다. 평소 보고 싶어했던 일본의 유명 작가의 단행본은 물로 각국 문호의 전집, 세계 문학 전집 등이 거리거리에 산적해 어떤 물건보다도 헐값으로 손님을 불렀다… 그건 마치 우물 안에서 세상 밖으로 나온 것 같은 충격 이요 황홀경이었다. 학교에서 재미없는 수업 시간에는 선생님 말 씀은 건성으로 듣고 책상 밑에 소설 책을 놓고 읽곤 했는데 그러 다가 들키면 … 선생님이 통속 소설이라고 야단도 치고 빼앗기도 하는 건 거의가 다 일본 소설책이고, 호오, 벌써 이런 책을 읽나, 하고 조금은 신통해 하며 봐주는 책은 러시아나 영국, 미국, 프랑 스 등 구미의 대가들의 책들이었다. 학교에서 고학년을 위한 필 독서로 지정해 주는 문학 서적 역시 일본인이 만든 세계 문학 전 집을 근거로 하고 있었다. 이렇게 일본인이 한 번역과 일본인의 선택은 반일 감정과는 상관없이 해방 후에도 오랫동안 우리에게 영향을 주었고 권위를 인정받았다. 그러면서도 일본 문학을 통속 적이고 가볍다고 능멸하는 건, 아마 식민지를 갓 벗어난 해방된 민족이 식민지 종주국에 대해 품는 통과 의례 같은 것이었으리 라… 당시의 사회적 분위기도 우리 안에 남아 있는 일본의 잔재 는 왜색이라 하여 어떻게든지 극복하고 넘어가야 할 것들이었고, 일본을 이긴 연합군 국가들의 문화는 닮아야 할 선진 문명이었 다. 그러나 망각하고 극복해야 할 언어를 통하지 않고는 배우고 닮아야 할 문학과 접속이 안 되는 게 엄연한 현실이었다.

「포스트식민지적 상황에서의 글쓰기」라는 제목을 달고 있는 여성 작가 박완서의 이 자기 고백적 성찰은 식민지 시대에 소위 "상징 질서 체계"에 입문한 한국 지식인들이 사용하는 언어의 중층 구조화에 대해, 그리고 식민 종주국 일본과 그 일본 뒤에 짙은 음영을 드리우며 버티고 있는 서구라는 타자를 통한 "세계" 인식 방식에 관해 많은 것을 시사한다. 박완서가 후에 그토록 입심 좋게, 지칠 줄 모르고 한국 사회의 ─ 특히 중산층의 ─ 속물성을 고발할 수 있었던 것은 (일본을 경유한, 그리고 여전히 경유하고 있는) 세계와 한국 간의 관계성에 대한 이러한 포스트식민주의적 성찰과 무관하지 않을 것이다.

물론 남성 작가들에게 포스트식민지적 상황에 대한 이러한 인식이 비껴 갔을 리 없다. 그러나 그들에게는 적어도 이러한 인식을 하는 "주체"만은 (이미 손상되었음에도, 궁극적으로) 손상될 수 없는, (이미 박탈의 경험이 있음에도, 궁극적으로) 포기할 수 없는 지점으로 주장된다. 그리고 이 지점에서 그들은 바로 그들을 식민지 주체로 만든 저 "세계 문학"의 주체들과 동등하다. 그러나 그들의 의식에, 무의식에 들러붙어 있는 포스트식민지적 상황에 대한 인식, 이민자적 얼룩은? 그들이 택한 방식은 은밀한 치환 방식을 통해 여성을 그 균열된 타자의 자리에 앉혀 놓는 것이다. 한국 남성 지식인들 사이에서의 포스트식민주의적 성찰이 여전히 "민족주의"로 귀환하는 것은 바로 이 때문이기도 하다.

(지독하게, 그렇다 여전히 지독하게 가부장적으로 각인된) 한국 사회의 근대성에 대한 비판적 성찰은 아직도 진행중인 작업이다. 소수

집단 문학으로 자신을 정체화/정치화하는 여성 문학의 힘찬 실천이, 변방에서 울리는 여성들의 저 분절된 목소리가 ― 창작과 메타 담론의 양 측면에서 ― 아직도 진행중에 있는 근대성의 성찰에, 그리고 근대성의 맹점을 비판하고 넘어간다는 의미에서의 탈근대성 논의에 여러 층의 새로운 지평으로 끼어들어야 할 것임을 강조하는 것으로 이 두서없는 이야기를 끝내자.

참고문헌

가라타니 고진, 1996, 『일본 근대 문학의 기원』, 박유하 역, 민음사.

간디, 릴라, 2000, 『포스트식민주의란 무엇인가』, 이영욱 역, 현실문화연구.

권혁범, 2000, 『민족주의와 발전의 환상』, 솔.

김용옥, 1998, 『동양학 어떻게 할 것인가』, 통나무.

김윤식, 1995, 「역사적 격변과 문학적 응전 – 광복 이후 한국 소설 문학 50년사」, 권영민 편저,
　　　『한국 문학 50년』 문학사상사.

김윤식 · 김현, 1973, 『한국 문학사』, 민음사.

김윤식 · 정호웅, 1993, 『한국 소설사』, 예하.

김주연, 1979, 『변동 사회와 작가』, 문학과지성사.

김치수, 1979, 『문학 사회학을 위하여』, 문학과지성사.

마루야마 마사오 · 가토 슈이치, 2000, 『번역과 일본의 근대』, 임성모 역, 이산.

박완서, 2000, 「포스트식민지적 상황에서의 글쓰기」, 대산재단.

백낙청, 1978, 『민족 문학과 세계 문학』, 창작과비평사.

염무웅, 1978, 『민중 시대의 문학』, 창작과비평사.

오생근, 1978, 『삶을 위한 비평』, 문학과지성사.

이재선, 1991, 『현대 한국 소설사』, 민음사.

임규찬, 1998, 「세계사적 전환기에 민족 문학론은 유효한가」, 『창작과 비평』 100 호.

임지현, 1999, 『민족주의는 반역이다』, 소나무.

＿＿＿, 1989(1975), 『미스 양의 모험』, 고려원.

조선작, 1974, 『영자의 전성 시대』, 민음사.

조해일, 1974, 『아메리카』, 민음사.

최인호, 1994, 『별들의 고향』, 샘터.

펠스키, 리타, 1999, 『근대성과 페미니즘』, 김영찬 · 심진경 역, 거름 아카데미.

한국 서양사학회 편, 『서양에서의 민족과 민족주의』, 까치.

Anderson, Benedict, 1983, *Imagined Community: Reflection and the Origin and Spread of Nationalism*, London: Verso.

Bhabha, Homi K.(ed.), 1990, *Nation and Narration*, London and New York : Routledge.

＿＿, 1996, "Culture's In-Between", Stuart Hall (ed.), *Questions of Cultural Identity*, London : Thousand Oaks.

Moretti, Franco, 1996, *Modern Epic*, London: Verso.

Felski, Rita, 1995, *The Gender of Modernity*, Harvard University Press.

von Goethe, Johann Wolfgang, 1998, *Faust*, 정서웅 역, 민음사.

Kafka, Franz, 1986, *Erzaelungen*, Frankfurt am Main.

찾아보기

김성례

서강대학교 종교학과 교수.

서울대와 미국 미시간대학에서 인류학 공부를 했다. 한국 무교(巫敎)와 민족 종교, 시베리아와 몽골의 샤머니즘 부흥과 민족주의 운동, 근대성과 폭력의 문제, 현대의 주술 현상, 종교의 성별화 이데올로기, 구술사 방법론, 여성적 글쓰기가 주요 연구 분야이다. 주요 저서로는 『그리스도교와 무교』(공저, 1998), 『한국 종교 문화 연구 100년』(공저, 1999)이 있으며, 주요 논문에는 「제주 무속 : 폭력의 역사적 담론」, 「한국 무속에 나타난 여성 체험 : 구술 생애사의 서사 분석」, 「무교 신화와 의례의 신성성과 연행성」, 「국가 폭력과 여성 체험 : 제주 4 · 3을 중심으로」, "Mourning Korean Modernity in the Memory of the Cheju April Third Incident" 가 있다.

김영옥

또문대학 교장, 이화여자대학교 한국 여성 연구원 전임 연구원, 조선대학교 겸임 교수.

숙명여대 독문과 학사, 서울대 독문과 석사, 독일 아헨대학 철학부 박사(학위 논문은 「타인의 텍스트를 통해 본 자화상 : 발터 벤야민의 카프카 읽기」). 「또 하나의 문화」 동인으로 여성주의 이론 만들기, 실천하기에 즐거이 참여하고 있으며, 입장 있는 시각으로 문학, 문화 읽기에 전념하고 있다. 1990년대 한국 여성 문학과 독일 현대 여성 문학 및 벤야민, 비트겐슈타인 등 현대 철학에 대한 논문 다수. 조세희, 김혜순 등 한국 문학의 도이치어 번역. 현재, 여성주의 정신 분석 읽기에 관심을 갖고 있다.

김현미

연세대학교 사회학과 교수.

서울대 영어교육과를 졸업하고 미국 워싱턴대학에서 문화 인류학으로 석사 및 박사 학위를 받았다. 이화여대 아시아 여성학 센터에서 아시아 지역 여성학 교과 과정을 만들어 내는 프로젝트를 담당하다가 2000년 봄부터 연세대 사회학과에서 가르치고 있다. 다국적 기업의 문화와 여성 노동에 관한 연구를 했고, 성과 노동, 여성주의 문화 이론, 탈식민지 이론 등에 관심이 많다. 주요 논문으로는 「한국의 근대성과 여성의 노동권」, 「페미니즘과 문화 연구는 행복하게 만나는가」, 「문화 번역 : 근대적 성찰의 비판적 작업」 등이 있다. 현재 「또 하나의 문화」에서 성(gender)인지적 관점과 문화적 감수성을 기반으로 글로벌 시민 교육의 내용을 만들어 내는 데 참여하고 있고, 「여성과 인권 연구회」 회원이다.

양현아

서울대학교 법학 BK 21 박사후 연구원. 동국대, 한양대, 이화여대, 서울대, 중앙대, 연세대 등 출강.
「2000년 일본군 성노예 전범 여성 국제 법정」남북한 공동 검사단 검사.

서울대 가정학 & 사회학 학사, 동대학 사회학 석사, The New School for Social Research 사회학 박사.

주로 한국 가족법과 한국인 군위안부 문제에 관하여 논문을 썼으며, 특히 역사적 생존자들의 증언, "죽은
이" 들에 대한 기억, 공통의 트라우마 문제 등에 관심이 있다. 이러한 관심은 생존자의 재현을 통하여 한국
사회에 산적한 "과거 청산" 정치의 비전을 다시 만들고자 하는 희망을 담고 있다. 과거에 대한 비전은 바
로 미래에 대한 것이기 때문.

한국 가족법은 법제도이자 역사적 문서이자 문학적 은유로서 읽힌다. 여기에서도 젠더 관계와 관련된 식
민지성이 가장 심상치 많은 문제로 여겨져 거기에 닻을 내리고 있다. 이렇게 관심이 식민주의와 젠더에 수
렴되어 있고, 이를 통하여 한국의 역사와 사회를 이론화할 수 있는 하나의 길이 열렸으면 한다. 앞으로는
문화 연구의 이론들을 다시 읽고, 그 반경을 대중 문화, 예술과 감수성 문제 등으로 옮겨가고 싶다.

김혜순

시인. 서울예술대학 문예창작과 교수.

건국대학교 국문과와 대학원을 졸업했다. 「김수영 시 담론 연구」로 박사 학위를 받았다. 1978년 동아일
보 신춘문예에 평론이 입상하고, 1979년 문학과 지성지에 「담배를 피우는 시체」 외 4편을 발표함으로써
평론가와 시인으로 문단에 등단했다. 김수영 문학상, 현대시 작품상, 소월시 문학상을 수상했다.

「또다른 별에서」, 「아버지가 세운 허수아비」, 「어느 별의 지옥」, 「우리들의 음화(陰畵)」, 「나의 우파니샤
드, 서울」, 「불쌍한 사랑 기계」, 「달력 공장 공장장님 보세요」 등의 시집, 동화, 에세이집 등이 있다. 「여성
의 시학」이란 제목의 여성 문학 이론서 겸 산문집인 장르 불분명한 책을 출간 준비중에 있다.

우미성

연세대학교 미디어 아트 연구소 전문 연구원, 연세대학교 문과대학 · 국제교육부 강사.

연세대 영문과를 졸업하고 미국 위스콘신-매디슨대에서 공연 예술학 석사와 박사 학위를 받았다. 1998년
귀국 이후 유네스코 한국위원회 공연 예술 자문 위원으로 활동하고 있으며, 문화학을 부전공하여 대중 문
화 속의 여성성, 남성성 읽기에 관심이 많다. 주요 논문으로는 「19세기 말 서양의 음악극이 그려낸 동양」
"Modernity, the Road Not Taken by Asians"가 있고 「20세기의 역사」(2000) 중 「시각 예술」 장을
번역하였다. 「문학과 영상학회」 이사이며 「영미 문학 페미니즘학회」, 「현대 영미 드라마 학회」 회원이다.

최 윤

소설가, 서강대학교 불문과 교수.

1953년 서울 생. 작품집으로 『저기 소리없이 한점 꽃잎이 지고』, 『속삭임, 속삭임』, 『열세가지 이름의 꽃 향기』를, 장편 소설로는 『너는 더 이상 너가 아니다』, 『겨울, 아틀란티스』를 출간. 『회색눈사람』으로 동인 문학상, 『하나코는 없다』로 이상 문학상 수상했다.

대학에서는 프랑스 문학을 가르치며, 고전 소설, 여성 소설, 프랑스 소설, 문화 비교에 관한 글을 발표한 다. 때때로 한국 문학을 프랑스어로 번역 출판한다.

"근대", 여성이 가지 않은 길

초판 1쇄   2001년 10월 30일

초판 2쇄   2001년 12월 20일

엮은이   김영옥

펴낸이   유승희

펴낸곳   도서출판 또 하나의 문화

편집 · 이현정   영업 · 고진숙   총무 · 손미경

서울시 마포구 동교동 184-6 대재빌라 302

전화 02-324-7486   전송 02-323-2934

전자우편   tomoon@tomoon.com

홈페이지   www.tomoon.com

출판 등록   1987년 12월 29일 제9-129호

ISBN   89-85635-48-4 03330
